U0584012

本书获福建省社会科学规划年项目资助。

社会政策丛书
SOCIAL POLICY SERIES

# 中小企业
# 社会养老保险参与

PENSION INSURANCE
PARTICIPATION OF SMALL AND
MEDIUM-SIZED ENTERPRISES

陈姗　著

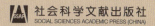

社会科学文献出版社
SOCIAL SCIENCES ACADEMIC PRESS (CHINA)

# 目 录

# 第一章　绪论

## 一　问题的提出及意义

### （一）问题的提出

在绝大多数国家，养老保险是社会福利体系中最重要的项目。自 20 世纪 50 年代至 80 年代，我国实施的"国家－单位"保障型养老保险制度，是在特定时代产生并发展起来的。在一定程度上，它与传统的计划经济相适应，对当时的经济社会发展以及保证人民的基本生活做出了不可磨灭的贡献。但是，由于它的设计思想超越了所处时代的经济社会基础，制度本身也有不少缺陷和局限性，不能适应我国的改革开放和经济社会的转型，逐渐成为推进改革事业的瓶颈。

1984 年 10 月，中共十二届三中全会发布《中共中央关于经济体制改革的决定》之后，国有企业改革全面展开，要求企业独立核算、自负盈亏。自此，中国的经济体制改革进入以城市为重点、以搞活企业为中心的阶段。随着企业日益进入市场，企业之间养老负担失衡的矛盾逐渐显露出来。在这一背景下，国家开始了以退休费用社会统筹为主要内容的养老保险制度改革。

国有企业退休人员负担的日益加重，客观上要求养老保险必须形成有效的基金互济机制。为此，有关部门开始在一些市、县进行养老保险费用的社会统筹试点。首先在国有企业按照"以支定收、略有结余、留有部分积累"的原则,确定养老保险费提取比例,由社会保险统筹办公室或政府指定的部门统一收缴、发放,调节各个企业的盈亏。后来,改革范围进一步扩大到外资企业、私营企业等。在一定程度上,试点有助于解决统筹地区内各企业之间养老负担不均衡的问题。

随着离退休人员的增多,企业缴费率不断攀升,养老保险供求之间的矛盾日益扩大,不少企业已经不堪重负。于是养老保险制度调整开始考虑三方缴费制,即除国家、企业对离退休人员承担养老金供款职责外,职工个人也必须承担相应的缴费义务。1997年7月,国务院发布了《关于建立统一的企业职工基本养老保险制度的决定》,新的"统账结合"方案开始实施。

2011年7月1日,我国正式实施《中华人民共和国社会保险法》,标志我国基本养老保险的立法层次得到进一步提升,保障了公民在年老、疾病等情况下依法从国家和社会获得物质帮助的权利。

在中国经济转型时期,社会保险制度对保障职工的切身利益发挥着十分重要的作用。社会保险制度是职工享受的社会福利,也是职工应有的权益,受到《中华人民共和国宪法》、《中华人民共和国劳动法》和《中华人民共和国社会保险法》的保护。

截至2017年末,全国参加城镇职工基本养老保险的人数为40293万人,覆盖范围进一步扩大(人力资源和社会保障部,2019)。尽管基本养老保险总体情况良好,但也存在不和谐的现象。2013年,在中国工会第十六次全国代表大会上,李克强总理指出,有10%的参保职工中断缴纳社保费,约3800万人;同年,人力资源和社会保障部对员工参保情况的调查数据显示,有23%的劳动人口中断了缴费(刑晓宇,2013)。这表明我国企业的参保情况堪虞,城镇职工基本养老保险面临可持续发展的难题。2018年4月4日,国务院常务会议决定进一步清理规范涉企收费,范围涉及基本养老保险,继续实施从20%下降至19%的阶段性政策。

自2015年6月以来，社会保险费率历经四次下调，总费率从41%下调至37.5%，降低费率是否能提升中小企业参保积极性，还需论证。

面对纷繁复杂的社会现象，养老保险的理论研究也逐渐深入，目前的研究主题多集中在政府行为方面。然而，作为重要的参与主体，企业的行为对基本养老保险制度的可持续发展同样产生了重大的影响，亟须更高的关注。

（1）中小企业是我国经济中最重要、最活跃的主体

根据原国家工商行政管理总局公布的《2016年度全国市场主体发展报告》，截至2015年末，全国实有各类市场主体超过8700万户，平均每天新登记企业1.51万户，企业已经逐渐成为市场经济中最为活跃的市场主体。

据新华网报道，截至2015年末，中国在工商部门注册的中小企业已逾2000万户，中小企业占中国企业总数的99.7%以上，其中小微企业占97.3%，对国内生产总值的贡献率超过60%，对税收的贡献率超过50%，提供了近70%的进出口贸易额，创造了80%左右的城镇就业岗位。需要特别指出的是，65%的发明专利、75%以上的企业技术创新和80%以上的新产品开发，都是由中小企业完成的（国家统计联网直报门户，2017）。

中小企业是促进就业、改善民生、稳定社会、发展经济、推动创新的基础力量，是构成市场经济主体中数量最大、最具活力的企业群体。中小企业的发展状况，关系到中国经济社会结构调整与发展方式转变，关系到促进就业与社会稳定，关系到科技创新与转型升级。

（2）中小企业是我国社会保险制度的中坚力量

中小企业的数量在全国的企业数量中占多数，但中小企业的户均员工人数比大型企业少。国有企业的户均人数高于民营企业，而中小企业中大多数属于民营企业。根据《中国劳动统计年鉴2017》的数据，截至2016年末，国有单位就业人数为6169.8万

人，仅占城镇职工基本养老保险参保人数的 15.3%；以北京市为例，北京市统计局对基本养老保险的参保单位个数及参保人数进行了深入分析，国有单位户均参保人数为 271 人，集体单位户均参保人数为 40 人，其他单位户均参保人数为 31 人。由此可以推论，中小企业特别是民营企业里的中小企业，是参加社会保险的中坚力量。

（3）社会保险制度对中小企业的影响存在争议

众所周知，企业是追求利润最大化的经济体，因此一定会对社会保险这样的成本开支项目有所排斥。然而，社会保险特别是基本养老保险制度，存在信息非对称及其影响下的逆向选择的情况。只有政府主导的具有强制性的社会保险制度才能应对市场失灵的状况，在代内、代际间分散养老风险。因此，企业必须加入社会保险制度以对抗员工年老的社会风险。

尽管二者之间的逻辑关系如此明确，但在理论界，部分学者认为，从微观经济的角度看，优厚的社会福利和保险使人们不愿意工作，以及生产总规模和总水平的降低；从宏观经济的角度来看，工薪税以及公司所得税转移了本该用于再投资的利润，从而降低了经济增长所必需的资本总体水平。通过税收以及转移支付的收入实现收入再分配的社会福利和保险政策将降低经济效率、减少资本积累以及削弱经济增长。

（4）根据统计数据分析，基本养老保险覆盖面不足

首先，从就业人口数据分析，截至 2017 年末，全国就业人员77640 人，其中城镇就业人员 42462 万人，全国参加城镇职工基本养老保险人数为 40293 万人，其中参保职工 29268 万人，逾 13000万城镇就业人口未参加城镇职工基本养老保险。

其次，从人员分类分析，截至 2017 年末，全国农民工总量达到 28652 万人，其中外出农民工 17185 万人，但参加城镇职工基本养老保险的农民工人数仅有 6202 万人，城镇职工基本养老保险对农民工的覆盖严重不足。

（5）部分企业未能按时足额缴纳基本养老保险的问题日渐突出

以北京地区为例，监管部门对基本养老保险主要采取事后稽核的方式，其中一条重要的途径是针对每家申请建立企业年金的企业开展社会保险稽核，要求企业提供 36 个月的工资及财务台账，以便核查缴费人员、缴费基数等要素。近年来，笔者主要从事企业年金营销的工作，在营销推动过程中，近半数的签约中小企业在进展到社保稽核环节时，就被迫中止年金项目。因为不少企业通过不规范的劳动关系、缩小参保员工范围、做低保险缴费基数的方式不履行为员工缴纳保险的义务，又担心被有关部门发现，于是只能放弃企业年金计划。

综上，从宏观经济角度出发，中小企业已经成为最主要的经济主体，其健康发展具有战略意义，但经济理论中，学者们从社会保险的经济属性出发，在分析社会保险对中小企业的影响时，存在争议。

我国的现状，城镇职工基本养老保险覆盖面不足的问题较为突出。其覆盖率的高低对社会及个人都有着很大的影响，主要体现在以下两个方面。第一，低收入群体享有社会保险的可能性最小。一方面，低收入群体的抗风险能力弱，不能利用私人保险和储蓄对抗风险；另一方面，遭遇风险又将进一步加剧贫困。第二，相较于全覆盖，有限覆盖将弱化风险分散能力。在有限覆盖的情况下，加入保险的员工必须承担更多的费用，而社保部门正在经历严重的财政问题。因此，对中小企业参保行为的分析既有利于验证上述理论的科学性，又能解释现实状况的症结。

## （二）研究目的及意义

本书旨在归纳总结中小企业参加基本养老保险制度的行为，分析影响这些行为的深层次原因，而后有针对性地提出改进建议，这具有重要的现实意义。

研究意义主要包括以下三个方面。

（1）有利于提升社会保险的覆盖率，保障员工权益

社会保险将保护员工免受多种风险对其身体和收入的侵害。我国法律规定所有工作单位都必须为员工缴纳社会保险，除一些特殊职业外。绝大多数公共部门的员工都缴纳了社会保险，但私人部门员工缴纳社会保险的情况不容乐观。

据《中国经济普查年鉴2013》披露，小微企业约785万户，占法人单位总数的73%以上。根据控股情况划分，国有控股类型中，小微企业的占比最低，仅为8%；私人控股类型中，小微企业的占比最高，达96%。由于违法成本低，小微企业缴纳社会保险的情况不甚良好。低覆盖率的原因是社会保险相关法律法规的约束力不足。具体原因包括以下三个方面。第一，社会保险制度割裂，覆盖率低，城镇职工基本养老保险与城镇居民养老保险、农村居民养老保险之间主体重合，但关系界定并不清晰。第二，社会保险法对大型企业有较强的约束力，但大量中小企业钻了政府执法力度不强的空子，是产生低覆盖率的主要原因。第三，员工和雇主都有动机逃避社保体系，雇主通过变通劳动关系形式，拒绝为员工支付社会保险费；而员工不选择有保险的工作以增加当期收入。

尽管国家制定了社会保险相关的法规，但在中小企业中还是存在大量未参保人员。对中小企业的参保行为以及隐含的影响因素的研究，将有利于研究人员提出有针对性的政策建议供管理层参考，以优化政策设计改善上述问题。

（2）有利于改善社会保险的财政运营状况，保证可持续发展

越来越多非国有、集体企业参加城镇职工基本养老保险制度，这有助于改善企业参保情况。

根据《中国养老保险发展报告》的数据分析，截至2013年底，城镇职工基本养老保险总参保人数达到了3.22亿人，其中参保职工2.42亿人，离退休人员8041.05万人；在2.42亿参保职工中，企业参保职工（本书指在职参保情况，下同）1.71亿人。在针对企

业参保情况的分析中，国有企业参保人员 4862.4 万人，大约占
28.4%；城镇集体企业参保人员 1249.03 万人，大约占 7.3%；港
澳台及外资企业参保人员 1989.74 万人，大约占 11.6%；其他各
种经济类型企业参保人员 9042.8 万人，大约占 52.7%，如图 1 - 1
所示（郑秉文，2004）。

需要强调的是，虽然 2013 年企业总体上的制度赡养率是
32.94%，但不同性质企业的制度赡养率差异很大。城镇集体企业
的制度赡养率最高，大约为 71.64%，国有企业的制度赡养率也有
68.01%，而其他各种经济类型企业的制度赡养率只有 15.14%，
港澳台及外资企业的制度赡养率较低只有 3.83%。因此，城镇职
工基本养老保险制度的覆盖范围正在不断向港澳台及外资企业和
其他各种经济类型企业扩展，这无疑有助于在一定时间内降低企
业和政府部门的制度赡养率。

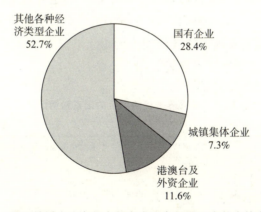

**图 1 - 1 不同性质企业参保人数在企业参保职工人数中的占比情况**

以北京地区为例，除国务院国资委管辖的在京央企、北京市
国资委管辖的市属企业外，其余 25 万余家企业大多数都属于中小
企业，中小企业的参保行为将直接影响到社会保险的可持续发展
以及赡养比的合理性。

（3）有利于中小企业的健康发展，提升社会经济活力

2012 年，国务院发布《关于进一步支持小型微型企业健康发

展的意见》（国发〔2012〕14 号），明确制定和完善鼓励高校毕业生到小型、微型企业就业的政策，对小型、微型企业新招用毕业年度高校毕业生，签订 1 年以上劳动合同并按时足额缴纳社会保险费的，给予 1 年的社会保险补贴，政策执行期限截至 2014 年底。

此项政策表明，中小企业特别是小微型企业的参保行为已受到重视，研究优化参保行为的举措具有现实紧迫性，也是中小企业长远发展的必然要求。

# 二 研究范围的界定

## （一）概念的界定

### 1. 养老保险制度

养老保险是社会保障体系的基本部分和主要环节，是社会保险的主要内容。根据 2011 年国际劳工组织公布的《世界社会保障报告》，在报告期内，统计范围内的 180 个国家或地区中已有 156 个建立养老保险制度（见表 1－1）。

表 1－1 建立养老保险制度的国家和地区情况

单位：个

| 国家/地区 | 国家/地区 | 已建立养老保险制度的国家/地区 |
| --- | --- | --- |
| 非洲 | 51 | 34 |
| 亚洲 | 44 | 37 |
| 欧洲 | 40 | 40 |
| 拉丁美洲 | 33 | 33 |
| 北美洲 | 2 | 2 |
| 大洋洲 | 10 | 10 |
| 合计 | 180 | 156 |

数据来源：ILO, *World Social Security Report*。

国内学者对养老保险做出了不同的界定，结合郑功成（2009）、董克用（2003）、何平（2002）、邓大松（2002）等学者的研究结论，本书认为，养老保险是指为防范老龄人口的收入风险，国家通过制定法律，强制征缴费用，向达到退休年龄的老年人发放退休金的制度，它是养老金制度的第一支柱。本书的研究对象仅为城镇企业职工基本养老保险制度，简称为"养老保险"，不涉及城乡居民基本养老保险制度。

养老保险制度主要包括以下三方面特征。

第一，普遍性。它主要是为了保障有工资收入的劳动者遭遇老龄贫困风险后的基本生活而建立的，其覆盖范围应包括全部劳动力人口。因此，在确定适用范围时，参保单位应不分部门和行业，不分所有制性质，其职工应不分用工形式，充分体现出养老保险制度的普遍性原则。

第二，强制性。它是通过国家制定法律、法规来强制实施的。按照规定，在社会保险制度覆盖范围内的单位及其职工必须参加养老保险并履行缴费义务。不履行缴费义务的单位和个人都应当承担相应的法律责任。

第三，互济性。养老保险基金主要来源于社会筹集，由企业、员工和政府三方共同负担，缴费比例、缴费方式相对稳定。养老保险费按照一定比例在统筹地区内征集、统一管理，并统一调度使用以发挥互济功能。

我国的养老保险制度由三个部分（或层次）组成。第一部分是基本养老保险，第二部分是企业补充养老保险，第三部分是个人储蓄性养老保险。本书研究以城镇职工基本养老保险，即基本养老保险为主要对象，它是按国家统一政策规定强制实施的为保障广大离退休人员基本生活需要的一种养老保险制度。在20世纪90年代之前，我国企业职工实行的是单一的养老保险制度。1991年，《国务院关于企业职工养老保险制度改革的决定》（国发〔1991〕33号）中明确提出："随着经济的发展，逐步建立起基本养老保险与企业补充养老保险和职工个人储蓄性养老保险相结合的制度。"从此，我国逐步建立起多层次的养老保险体系。在这种多层次养老保险体系中，基本养老保险可称为第一层次，也是最高层次。

2. 中小企业

"企业"一词源于英语中的"enterprise"，原意是企图冒险从事某项事业，且具有持续经营的意思，后来被引申为"经营组织"或"经营体"。现代汉语中的"企业"一词源自日语。与其他一些社会科学领域常用的基本词汇一样，它是在日本明治维新后，大规模引进西方文化与制度的过程中翻译而来的词汇，而戊戌变法之后，这些词汇被人从日本大量引用到现代汉语中。

在中国计划经济时期，"企业"是与"事业单位"平行使用的常用词语，在《辞海》1979 年版中，"企业"的解释为"从事生产、流通或服务活动的独立核算经济单位"；"事业单位"的解释为"受国家机关领导，不实行经济核算的单位"。

在 20 世纪后期，在中国改革开放与现代化建设以及信息技术领域新概念大量涌入的背景下，"企业"一词的含义有所变化。企业现指依法设立的以营利为目的、从事商品的生产经营和服务活动的独立核算经济组织，广义上包括营利性和非营利性两类。

SME 是英文 small and medium enterprises 的缩写，是中小企业的意思，不同的国家对中小企业的定义标准是不同的。比如，欧盟国家现在的标准是雇员少于 49 人的企业为小型企业，少于 249 人的为中型企业；在美国，雇员少于 99 人的企业为小型企业，少于 500 人的为中型企业。

中小企业已经成为我国企业的主体。为贯彻落实《中华人民共和国中小企业促进法》和《国务院关于进一步促进中小企业发展的若干意见》（国发〔2009〕36 号）文件精神，工业和信息化部、国家统计局、国家发改委、财政部研究制定了《中小企业划型标准规定》。中小企业划分为中型、小型、微型三种类型，具体标准根据企业人员、营业收入、资产总额等指标，结合行业特点制定。根据人员规模，中小企业的员工规模不低于 10 人且不高于 1000 人。

3. 参保行为

"参保行为"属于企业组织行为。《牛津英语词典》将行为定义为"贯彻、实施、执行、完成所指派或承担的任何事"。本书对"企业参保行为"做出以下定义：企业参保行为是指作为行为主体的企业在内外部环境的影响和刺激下，为实现企业参保目标，对参保活动进行管理所做出的现实的、能动的反映活动。

从企业参保行为的角度看，首先，企业参保行为受到企业内部个人观念的影响，尤其是企业高层管理者的影响；其次，企业参保行为受到环境因素的影响，如国家社保政策、社保征管水平、其他企业参保行为、利益相关者等诸多因素的影响；最后，企业参保行为会对个人参保行为产生影响。

企业参保行为是一种组织行为，因此，在管理企业参保行为的过程中，必须要研究参保行为的影响因素，才能通过对参保行为施加影响来达到确保企业合法参保的目标。

利用社会学的分析框架，企业参保行为可以从以下 5 个方面进行分解。

①行为主体——企业；

②行为客体——参加基本养老保险制度的活动；

③行为环境——中国大陆；

④行为手段——依法参保或不依法参保；

⑤行为结果——由于社会保险的形式与内涵与企业所得税重度相似，沿用企业纳税行为中的定义，将企业参保行为的合法部分定义为参保遵从行为，将企业参保行为的不合法部分定义为参保不遵从行为。

## （二）研究范围界定

从对"参保行为"的概念的分析得出，中小企业凡符合国家法律规定的参保行为是合法行为（遵从行为），凡不符合法律要求或违反法律规定的行为，如违约行为、侵权行为、不履行法定义务的参保行为都属于不合法行为（不遵从行为）。

本书探讨的参保行为，既包括宏观层面的参保率，又包括微观层面的企业行为指标。

（1）参加项目——是否参加基本养老保险；

（2）参加人员——是否全员参保，针对农民工等特殊群体的处理方式；

（3）参保稳定性——是否通过变换登记主体的方式中断缴费；

（4）缴费行为——是否按要求核定工资总额并上报缴费基数；

（5）领取待遇行为——是否按要求申报领取养老金。

根据北京市人力资源和社会保障局2011年对用人单位遵守劳动用工和社会保险法律法规情况，开展专项执法大检查活动总结得出，企业参加社会保险的不遵从行为主要包括未依法参加社会保险、未依法缴纳社会保险费、瞒报社会保险缴费工资总额、骗取社会保险基金四种。

受限于统计资料的可及性，本书仅仅采用案例调研的方式阐述中小企业的参保行为。

# 三　文献回顾

## （一）理论研究综述

社会保险起源于中欧的自愿保险，19世纪末20世纪初被政府制度化，很快就传播到美洲。20世纪后期，世界各国都在重新审视、重构各自的社会福利体系，探索管理体系的新方法，调整国家、企业及个人的职责。这些改革引发了广泛的价值探讨。第一，一些国家调整了社会福利制度，以配合关于政府与个人相对责任的社会哲学的转变，中国、东欧社会主义国家以及苏联的转变尤为剧烈。第二，亚洲、欧洲、北美洲的经合组织（OECD）国家则努力调整由人口老龄化引起的费用高涨。第三，美洲国家试图通过经济融合实现经济增长，并努力调整社会福利制度以适应新的发展战略。许多国家和地区的经济增长速度明显落后于二战结束后头 30 ~ 40 年的水平，社会福利改革都是由缩减开支驱动的（Lawrence，1999）。

无论动机如何，这些改变正在被广泛地讨论。目前的讨论似乎反映了包括养老保险在内的社会福利政策的复杂性整合，如关于养老金体系与经济密切相关的共识。国家的经济往往会影响国家支持社会福利体系的意愿，经济困难必然导致开支缩减。同时，社会福利体系的规模与架构将会影响经济增长。社会福利体系阻碍劳动或者促使正规就业向非正规就业转移，这都将减少可供社会成员分配的收入总量。相似地，不鼓励储蓄的社会福利体系将减缓经济增长。

基于社会保险的理论研究众多，内容丰富，与本书主题相关的文献主要分为五类。

1. 社会保险与企业发展、经济增长之间的互动关系方面的文献

保险机制是一种保险的构成形式，它是将具体且有特殊功能的要素按照一定规律搭建而成的有机整体，是能够推动各要素相互依赖并按照一定方式运转的机制；养老金机制，是政府、雇主及个人三方责任主体，通过责任分工形成的合作机制；与其他社会保险相比，养老保险实质上是融合延期支付和消费两项属性的社会保险方式（席恒，2017）。在社会经济进入长期低速增长的时代，世界范围内的人口结构呈现出老龄化的特点，人口老龄化是世界性难题，单独依靠政府、雇主、家庭或个人任何一方的力量都难以应对。中国"未富先老"的特殊形势以及逐年加速的老龄化对社会保障制度建设的充足性、公平性和可持续性等方面提出了新要求，特别是人口年龄结构变动引发的赡养比失衡，致使社会保障制度面临严峻的财务运行风险和结构性不公平问题（杨宜勇等，

2017)。以福利多元主义理论为指引，大多数国家广泛动员市场、家庭等多元主体的力量，建立以公共养老金为基础、职业养老金（企业年金、职业年金）为补充、个人储蓄为辅助的三支柱体系，以期和谐度过老龄化社会（Owen，1978；World Bank，1994）。

Kitschelt（2001）、Huber 和 Stephens（2001）、Pierson（2001）、Schwartz（2001）、Swank（2001）、Hicks（1999）、Pontusson 和 Clayton（1998）、Garrett（1998）认为，通过税收以及转移支付的收入实现收入再分配的社会福利和保险政策将降低经济效率、减少资本积累，以及减缓经济增长速度。部分学者对社会保险制度持反对的态度，对微观的个人而言，社会保险提供的福利可能降低人们参与劳动的意愿，以及社会的总生产规模；对宏观经济部门而言，以工薪税或企业所得税归集的社会保险费，占用了企业投入再生产的资金，从而阻碍了宏观经济的发展。包括养老保险在内的社会保险是员工薪酬的重要构成，我国学界对基本养老保险缴费比例的总体评价偏高。对于养老金制度的平衡而言，高费率将引发道德风险和企业逃费现象，进而导致制度低收入，养老保险降费后的财务可持续性是亟待解决的重点问题（宋晓梧，2017；程朝阳等，2017；郭鹏，2017；肖严华等，2017；汪润泉等，2019；郑秉文，2016；苏中兴，2016；陈诚诚等，2015；封进，2014）；对于企业和员工而言，缴费率过高给企业造成了沉重的负担，同时降低了员工当期可支配收入，还导致企业创新的下降（赵健宇等，2018；杨翠迎等，2018）。

随着全球经济社会变革和人口老龄化加剧，世界各国都在改革养老保险制度。人口老龄化问题促使养老金私有化成为不可避免的话题，国家与市场的关系在保守主义、自由主义、社会民主主义三种福利体制中各有差异（哥斯塔，2003）；研究的客体包括养老金体系中的国家与市场的关系、国家干预、养老金体制（David，2006）以及市场主体（Tobias，2015）。我国的城镇职工基本养老保险依然是养老保险体系的主体与核心，在确定的社会统筹与个人账户相结合的模式下，保险责任主体伴随统筹层次的逐步提高而层级上移且归集，其制度功能从注重再分配转向激励性与再分配并重（郑秉文，2018；鲁全，2018）。从对我国养老金机制的发展与改革的分析可以看出，当前养老金机制中的一些要素仍然具有可优化的空间，学者就缴费基数、费率、缴费年限、替代率水平等关键要素以及征缴部门展开了广泛而深入的讨论（郑秉文，2018；席恒，2017；秦立建等，2019）。

伴随互联网对经济生活的影响逐步深化，灵活就业人员的比重逐年上升。自21世纪以来，以个体工商户、中小微企业、私营企业为主要就业形式的人员占到就业人口总数的60%（任海霞，2016）。西方学者对"零工经济"的定义与我国的灵活就业是相同的，研究表明，零工经济对工作保障的影响是负面的，包括但不限于零工的安全、培训、福利、津贴、社会保险和离职赔付等方面，这些将导致员工身体不健康、工作伤害、陷入贫困等方面的问题产生（Fox et al.，2018；Cuyper et al.，2018；Lucas，2017）。对劳动关系的认定是社会保险的前提与基础，与传统雇佣模式相比，劳动法、社会保险法等法律未将"零工经济"列入法律保护的框架体系，类似的自由职业者缺乏相关保障，国家可以将劳动者按照业态进行分类，并针对"零工经济"制定适宜的法律条款以保障其权益。例如，将"零工经济"与传统雇佣经济区别开来，创建一个新的类别，立法要求政府经办机构、雇主为"零工经济"提供便携式福利以及社会保险等（Farrell & Fiona，2016；Sanders & Pattison，2016）。

2. 以工薪税为形式的社会保险对劳动者及其就业影响方面的文献

采用不同的研究方式、研究方法，以不同的数据为基础，甚至对不同国家或是对工薪税的不同税种的研究，都可能产生不同的结论。

目前，公认的主要有两种结论：一种认为大多数雇主工薪税实际上都被转移到雇员的工资中，而其对就业的长期影响很小，支持这种观点的有 Brittain（1972）、Jonathan（1995）、Komamura 和 Yamada（2004）等；另外一种结论认为工薪税对就业有影响，影响程度根据年龄或收入水平等而有所不同或者至少从政策的角度来说降低工薪税会对就业有好处。

在《社会问题经济学》（第十五版）一书中，Ansel、Charles 以及 Paul 分析了养老保险的经济效应，这主要体现在收入、劳动力供给、储蓄投资等方面。该书关于养老保险影响劳动力供给的观点是：社会保障税（payroll tax）和社会保障权益（social security benefit）会影响劳动者个人的劳动供给决策；总体上看，养老保险将影响劳动力规模的降低。作者强调，上述结论是从分析经济刺激对缴纳社会保障税的劳动者和获得社会保障权益的劳动者的影响中获得的。

社会保障通过工薪税筹资，而工薪税不可能对劳动者的行为产生中性影响。社会保障税款由劳动者及其雇主平摊，劳动者缴纳的部分显然减少了劳动者的实得收入，而如果雇主可以不缴纳他们应付的那部分社会保障税，他们可能会给劳动者支付更高的工资，这等于又使劳动者实得的收入减少了一部分。因此，雇主很可能将他们的全部或部分社会保障税负以较低工资的形式转嫁给劳动者。社会保障制度可能会导致受该计划保障的劳动者的实际工资降低，而这种原因造成的工资减少会对个人的劳动供给决策产生重大的影响。我们知道，工资率的变化既会产生替代效应，也会产生收入效应。替代效应的出现是因为工资率，即每小时闲暇时间的价格，例如每小时挣 10 美元的劳动者，如果他想多 1 小时的闲暇时间，就必须放弃 10 美元。这样一来，由社会保障工薪税造成的工资减少就会降低闲暇的时间价格，理性的个人会选择更多的闲暇时间，减少工作。相反，收入效应的出现是因为闲暇时间是正常品。对正常品的需求会随着收入的升降而相应地增减。用于为社会保障筹资的工薪税通常会降低收入，产生收入效应，即人们选择减少闲暇时间，增加工作时间。理论上，尚不清楚哪一种效应占支配地位。假如替代效应支配着单个劳动者的决策，那么由社会保障税引起的较低工资就导致劳动者用较多的闲暇时间代替工作时间。相反，假如工资降低的收入效应占支配地位，那么，单个劳动者就可能因工薪税而选择用更多时间去工作，降低对闲暇时间的需求。

目前没有理论研究能够回答究竟是收入效应还是替代效应占支配地位这个问题，但相关实证研究仍然继续。"针对老年劳动者，工资降低的替代效应强于收入效应，因为闲暇时间的价值随年龄增加而提高。尽管其他因素也会影响到上述倾向，但从变化中的老年美国人的劳动力参与率可以得出结论，养老保险对工作和退休决策有重大的影响。20 世纪 30 年代，在社会保障法律颁布之前，大约有 50% 的 65 岁以上人口是劳动人口，而目前上述比例已降到 20%。"（安塞尔，2003）虽然经济学家还需要确定由社会保障造成的下降比例，但不少学者一致认为社会保障的确降低了经济可利用的劳动力总供给。

Higgs 和 Robert（1998）认为，欧洲在第二次世界大战后，失业率持续上升的原因之一是"高的雇佣和解雇成本，雇主们不情愿增加工人，除非他们有把握长期需要这些工人并且确信新工人有充分的生产性能弥补雇佣他们的成本和风险"。Stiglitz 和 Joseph（1999）也认为慷慨的社会保险计划和相关的高工薪税是欧洲过去十五年持续高失业率的主要原因。

Pearson 和 Scarpetta（2000）认为，通过对低收入者免除工薪税来降低劳动力成本可以刺激以低技术工人就业为基础的那部分经济的增长，紧跟着会增加人们从事低技术工作的动机。澳大利亚、英国特别是比利时和荷兰都为低收入工人降低了工薪税，根本原因应该是这部分雇员工资已经很低，雇主很难将工薪税转移到其工资上，因此调整工薪税的政策对低收入者的就业影响较大。

Wilson（2009）在"9·11 恐怖袭击事件"后向布什政府建议通过减少一项联邦失业税法（FUTA）下的附加税来降低工薪税以

支持经济。他认为这项政策能够减轻对美国人工作的过重课税，从而鼓励就业，同时每年节省下来的十几亿美元不管在雇主或雇员手中，也不管被用来投资或是消费，都将有利于刺激经济，从而有利于就业。

Fitoussi（2000）通过对法国的工薪税是如何降低对低收入人群影响的研究，认为工薪税降低不会像奇迹一样立即解决就业和分配问题，但是长期来看，降低低收入人群的工薪税对其就业有一定益处。在法国，未来十年内能创造约五十万个就业岗位，这相当于现在就业量的2%。

我国的社会保险费征缴部门从人力资源和社会保障部门转向税务部门，由于税务部门更为了解企业的相关信息与运行规则，征收社会保险费的效率和效果预期都能相应提高，包括社会保险费在内的总体企业负担也会随之提高。根据公共政策的外部性理论，部分学者称之为"费改税的负外部性影响"（秦立建等，2019）。养老保险制度是典型的"交易型制度"，它导致了严重偏离"统一缴费率"的"实际缴费率"和严重偏离"目标替代率"的"实际替代率"的出现；税务部门征缴社会保险费有可能将缴费基数和其他诸多参数"做实"，并逐渐使中国社会保险的"交易型制度"走向"法治型制度"；改革过程中应当注重处理好征收业务部门间对接、职责调整、社会保险制度改革、配套改革等问题，充分、全面、统筹、综合推进，以减少改革转制成本，切实有利于养老保险的可持续发展（郑秉文，2018；王延中等，2018）。

3. 养老保险制度对退休行为影响方面的文献

养老保险制度不仅仅是一项社会福利制度，由于它在财务模式、给付条件方面的设计不同，将对个人退休行为、个人劳动参与产生重要的影响，从而更广泛地影响劳动力市场。简单举例，部分经合组织（OECD）国家在计算养老保险待遇的过程中仅以员工退休前一年的收入为基数，不考虑工作期间的平均收入，这将会引发员工在涨工资时就做出提前退休的决定，从而影响劳动参与率。

自 20 世纪 70 年代以来，经济学界尝试从社会保障制度解释老年人口劳动参与率下降的现象，以包含养老保险的"隐含税收"理论（Gruber & Wise，1999）为切入点，即达到一定年龄后继续工作变得无利，从而产生了强烈的提前退休激励。养老保险制度对退休行为的影响主要源于不同财务模式下的待遇计发标准。

Morten 和 Panu（2001）比较了普遍保险与收入关联两种不同财务模式下的劳动力供给影响。普遍保险模式下，养老金待遇与工作时间、收入水平、缴费水平并无直接关系，基于此，劳动者达到老年阶段，容易做出提前退休的决定；收入关联模式下，养老金待遇与工作时间的缴费水平密切相关，缴费时间、缴费水平与待遇水平呈正相关，它将激励劳动者延长工作时间，增加缴费，以求获得更高的退休金。因此，不同的财务模式对劳动者退休行为产生的影响存在差异。

上述观点集中体现在他们于 2001 年发表的 "Social Security Rules，Labor Supply and Human Capital Formation" 文章中。文章分析了不同的社会保障体系如何影响生命周期内的教育决策、退休行为和福利。作者引入了一个可计算的生命周期模型，将人力资本的形成与退休行为结合起来进行分析。

此文认为，在比较普遍保险与收入关联两种不同财务模式下，精算调节下的收入关联养老保险使员工在到达法定享受养老金年龄后，可以延迟退休。Borsch-Supan（2000）提供的经验证据佐证了上述观点，他认为，德国社会保障体系中引入精算调节，将抑制约三分之一的提前退休行为，从而提高制度的公平性。

根据上述观点，收入关联模式下的完全积累制将会引起劳动力总供给的增加。从员工的个人角度来看，提高劳动参与率，增加劳动时间，将获得更高的养老金；从制度设计的角度来看，政府提高养老金待遇将增加不参与劳动力市场的机会成本，这样的政策将促使劳动力参与率与经济增长率的提高。

4. 养老保险筹资模式对制度影响方面的文献

Miriam（2009）指出，对基金制养老保险体系与现收现付制或非基金制进行福利比较时，人们通常会引用"艾伦条件"。尽管如此，但通常被引用的"艾伦条件"并不足以精确到适用于现收现付制养老保险体系的不同形式。现收现付制的养老保险体系既可以是固定收益的，也可以是固定缴费的。同时，它们在代际再分配方面也有所不同。此文考虑了四种不同形式的现收现付制体系，不同形式的现收现付制都产生了特定的"艾伦条件"。此外，标准的"艾伦条件"假设个人的工资率与劳动参与率没有差别。

第二次世界大战结束后的几十年内，现收现付制为各国提供了一条"便宜"的途径以保障退休者收入。当时，人口的增长与经济水平的持续发展意味着现收现付制国家的国内回报率较高，并且，在未来即使提供最慷慨的非基金制，筹资似乎也不成问题。但是，近年来，人口生育率的下降以及政府预算压力的增加，促使政府重新考虑他们的养老保障体系。

养老保险体制间的一个重要区别，即现收现付制和基金制的差别。在基金制体系中，每一代人都为自己积攒退休收入，因此不存在代际再分配的情况。在现收现付制体系中，在职职工为退休者筹集养老金，作为回报他们退休时也会得到由年轻人提供的养老金，所以，每个阶段都存在代际转移。

对基金制体系与现收现付制体系进行福利比较时，人们常常会引用"艾伦条件"，它指出这两个体制的具体表现取决于利息率、工资增长率及人口增长率。尽管如此，通常引用的"艾伦条件"并没有考虑到现收现付制本身也有许多差异。

现收现付制与基金制，既可以是固定收益制（DB），也可以是固定缴费制（DC）。虽然讨论养老保险的论文中并不常提及固定收益制与固定缴费制的差异，但是它对现收现付制的讨论是非常重要的。在固定收益制中，养老金收益规则是事先确定的，而后根据经济、人口变化调整缴费率。在固定缴费制中，养老保险缴费是确定的，根据经济、人口变化调整养老金收益水平。固定收益制更注重保护退休者收入权益，体系的运行成本则没有得到很好的控制。固定缴费制更倾向于保证缴费水平，对退休者而言，只能保证其有限的收入（见表1-2）。

表1-2　不同的现收现付制体系

|  | 固定缴费制 | 固定收益制 |
| --- | --- | --- |
| 收入相关 | ER-DC-PAYG | ER-DB-PAYG |
| 非收入相关 | Flat-DC-PAYG | Flat-DB-PAYG |

近年来，有许多文章着眼于讨论人口生育率下降对现收现付制的影响。尽管如此，固定收益制与固定缴费制现收现付制体系的差别仍被忽略了。

在讨论OECD国家的人口生育率下降导致的"养老金危机"时，固定收益制与固定缴费制的差别显得尤为重要。随着人口老龄化，固定收益制的现收现付制会导致公共开支不断增大（赤字），而在固定缴费制的现收现付制中并不存在这个问题，随着人口老龄化，固定缴费制的现收现付制会使养老金收益的压力增加（降低养老金的替代率）。在固定缴费制的现收现付制中，人口老龄化会导致"老年人贫困危机"而不是预算赤字危机。

固定收益制与固定缴费制的另一个差别是养老金收益是否与个人在劳动力市场上的表现相关。本书中，养老金与市场表现（或税收缴纳）相关的体系是"收入相关型"（ER）；不相关的体系是"非收入相关型"（flat system）。在收入相关体系中，个人的养老金收益与个人在劳动力市场上的收入成正相关。因此，如果养老金体系是以工薪税方式筹集资金，那么个人的养老金收益就与个人之前的税收支付成正相关。例如，一个人在t时期工作，在t+1时期退休，其获得的公共年金的替代率就与其在t时期的税收缴纳成正相关。在基金制的收入相关型中，养老金的替代率与市场利息率相关。总体说来，现收现付制的收入相关型不会与市场利息率相关，如果采用固定收益制，那么个人就会事先知道养老金的替代率；如果采用固定缴费制，那么养老金的替代率是未知的。

在所有类型的收入相关型中，个人收入越高，养老金收益也会越高。因此，收入相关型中并不存在明显的代内再分配。与此相反，在非收入相关型中，每个老人无论其工资收入或缴税有多少，都领取相同的养老金。因此，在非收入相关型中存在代内再分配。需要说明的是，非收入相关型与收入相关型的差别只能在存有"非同质代理人"（heterogeneous agents）的模型中加以探讨。"非同质"既可以指个人工资率方面的差异，也可以指个人劳动力参与率之间的差异。

当前中国养老保险体系在制度层面的激励强度并不低，但一些制度缺陷和执行力不足等原因导致了实际激励强度不高。我们建议，在未来养老保险改革中要坚持当前基本的统账结合结构，在修补制度缺陷的同时，使制度变得更加透明和更具约束力（席恒，2017；郑秉文，2017；王延中，2017；张巍，2017）。

5. 社会福利体制差异化研究方面的文献

"福利体制研究"是从政治经济学中提炼而来的。福利体制是政府、家庭和市场三个主体的有机结合，三者的相互作用将产生福利结果及社会分层。职业福利概念的首创者蒂特姆斯对补缺式与制度式福利国家进行辨析。补缺式福利国家只有在家庭或市场失灵时才会承担责任，试图将承诺限于处于边缘且值得帮助的社会团体；制度式则是针对整个人群，具有普遍性，而且包含着制度化的福利承诺。这个标准推动了福利国家研究比较的发展，理论上推动了就业与工作被纳入国家对公民权的扩展中。艾斯平（2003）于1999年进一步详细说明体制的概念，澄清体制并非局限于政府的公共福利，更不可限于单一、特定的福利政策与方案，而是包括政府、市场与家庭的总体福利生产。从政府、家庭和市场三个主体的关联出发，自由的福利国家体制以市场为核心，保守的福利国家体制以家庭为核心，社会民主的福利国家体制以政府为核心。

Iversen 和 Sockice（2006）运用覆盖范围、待遇水平以及地区间的再分配效应来划分不同的福利体制；Estévez-Abe（2006）则运用税负水平、覆盖范围、待遇水平以及等价物评价四个标准来分析福利体制。上述观点为福利体制的比较研究确定了分析框架，也为职工福利的宏观理论研究开拓了新的视角。

以经济水平相对落后的墨西哥为例，Jacqueline（2005）指出，尽管墨西哥法律强制所有工作单位都必须为员工缴纳社会保险，但社会保险覆盖率却不足30%，且集中在高收入家庭。

在墨西哥现行法律下，公司和员工都缺乏动力提升参保率。这一问题对需要社会保护的贫穷员工特别不利。政府特别需要能够覆盖这部分员工及家庭的替代机制。

扩大社会保险覆盖面的措施非常多样。如果墨西哥政府把扩大社会保险覆盖面作为首要任务，那么将社会保险与就业分离是最有效的。这种措施虽然意味着高昂的财政支持，但能够降低劳动力市场的扭曲程度。

第二种措施是在社会保险之外对低收入家庭提供保障。鉴于教育水平低且收入低的员工很难进入正规劳动力市场，在资源有限且不能自由分配的情况下，上述措施不会扭曲劳动力市场。澳大利亚和乌拉圭等国家有反贫穷养老金项目，老龄的贫穷人口达到特定岁数即可领取最低养老金（Mitchell，1998）。如果覆盖贫困人口是首要选择，那么目前在社会保险中的政府缴费应转为对贫困人口的经济支持。

与第二种措施密切关联的第三种措施是转变现行的社会保险规则以弥补体系的漏洞，如立法强制所有工作部门员工都必须参加保险。笔者的研究表明，一些员工占了现行体系的便宜。

关于养老金，1995年，墨西哥通过社会保险法将私人部门员工的待遇确定的现收现付计划修改为缴费确定的个人账户计划。此措施预期能够提高社会保险的覆盖面，因为它加强了待遇与缴费的联系，使员工不再将保险当作强制税收，而是当作个人退休储蓄。该体系仍需要进一步改进，增强对员工的吸引力，例如降低管理机构手续费、实现养老金缴费的完全转移、丰富养老金投资策略等。引入机制控制老龄风险以及加强机构对养老金改革的支持力度也同样重要。最后，必须提升教育水平，创造更多的正规就业岗位，这既能提高生产效率，又能增加税收，提升国家财政对社会保险的支持力度。

北欧福利国家均提供高水平公共服务。因此，北欧福利国家不仅仅是"社会保险国家"，而在更大程度上是"社会服务国家"或"护理国家"（Anttonen，1997）。

北欧福利国家模式的根源是通过国家民主发展而建立起来的信任。随着国际市场影响的加剧，20世纪90年代，不少学者都指出基于公共财政福利模式的国家没有未来，但伴随全球化的进程，北欧国家依然繁荣。Rothstein（2008）指出，鲜有证据能够证明福利国家的支出削弱了其竞争力。

## （二）实证研究综述

中国的社会养老保险制度基本确立于20世纪90年代，在公有制为单一主体向多种所有制主体共同竞争的经济转型中，为了解国有企业养老负担的燃眉之急，养老保险模式从原有的单位提供的社会劳动保险转向社会化的城镇职工社会保险，覆盖面从国有企业逐步扩大至其他所有制类型的企业。截至2017年末，全国参加城镇职工基本养老保险的职工人数为29268万人，仅占全国城镇就业人口42462万人的68.9%。根据2010年颁布的《中华人民共和国社会保险法》规定，用人单位替劳动者缴纳社会保险，属于强制性义务，不得以任何方式变更。但2017年全国各级劳动监察部门督促1.7万户用人单位办理社保登记，督促2.8万户用人单位为60.3万名劳动者补缴社会保险费12.9亿元（人力资源和社会保障部，2018）。企业的参保不遵从行为较为普遍，以企业为切入点对社会保险问题进行的相关研究，逐渐进入公众视野。本书对近年关于企业社会保缴费问题的研究进行了简要汇总（见表1-3），对抽样调查、统计年鉴以及上市公司资料的数据研究表明，社会保险政策（特别是缴费率）、企业所有制性质、企业经营状况、员工的个体特征等因素对企业的社会保险参与行为有较为显著的影响，据此，实证研究部分的综述将从企业、员工、政府政策三个视角进行梳理分析。

表1-3 关于企业社会保险缴费问题的研究

| 作者 | 年份 | 数据来源 | 样本 | 模型方法 | 显著因素 |
|---|---|---|---|---|---|
| 林李月等 | 2009 | 分层抽样调查 | 600 | logistic | 城市社会政策流动人口特征 |
| 赵亮等 | 2011 | 2005年吉林省进城务工人员抽样调查 | 5743 | Multinomial logit | 教育、培训、工作经验和技术等级 |
| 蔚志新 | 2011 | 国家人口计生委2010年实施的106个城市流动人口监测调查数据 | 122670 | 描述性统计 | 个体特征（性别、受教育程度、户籍）、企业特征 |
| 封进 | 2013 | "中国工业企业数据库"2005、2007年数据中江苏、浙江、福建和广东四个省份的制造业企业 | 2015年108773，2017年138214 | OLS Tobit | 政策缴费率、企业特征（实际控制人类型、人力资本水平、外向型程度） |
| 蔚志新 | 2013 | 2011年全国32个省级单位的流动人口问卷调查 | 128000 | 描述性统计 | 地区、个体特征（性别、年龄、婚姻状况、同住家庭成员、受教育程度、就业、户籍状况） |
| 田家官 | 2014 | 1991～2012年《中国统计年鉴》数据 | | 比较拟合优度DW值和回归系数显著性F检验 | 参保者、企事业单位、政府 |
| 王素芬 | 2016 | 沈阳市基本养老保险劳动者缴费能力调研数据 | 985 | logistic | 劳动者年龄、劳动者性别、用人单位性质 |
| 杨波 | 2016 | 上证企业样本2010～2012年报表 | | 描述性统计 | 实际控制人类型 |

| 作者 | 年份 | 数据来源 | 样本 | 模型方法 | 显著因素 |
|---|---|---|---|---|---|
| 赵绍阳等 | 2016 | 中国工业企业数据库 2004～2007 年数据 | 2004 年 276504，2005 年 269100，2006 年 301961，2007 年 336768 | Probit Tobit | 工资水平（分段效应）、企业经营时间、企业总资产、员工总数、企业性质 |
| 王国辉等 | 2016 | "中国社会养老保险缴费减免补偿研究"调查数据 | 208 | logistic | 所有制类型、企业类型、社保费率、社保占企业成本的比重 |
| 王爽 | 2017 | 河南新乡市 4 个县的调查 | 1000 | logistic | 个人特征（年龄、学历、收入）、制度认知企业行为 |
| 陈洋等 | 2017 | 年鉴数据 | | 回归分析 | 收入缴费负担系数 |
| 康书隆等 | 2017 | 31 个省份 2006～2014 年的面板数据 | | OLSIV－2SLS | 平均工资水平、名义缴费率、行业收入差距、养老保险制度赡养率 |
| 刘欢 | 2017 | 枣阳市企业与人员的配对调查 | 个人180，企业20 | 描述性统计 OLS | 个人特征、企业特征 |
| 杨波等 | 2017 | 上证企业样本 2010～2014 年报表 | | 描述性统计 | 实际控制人类型 |
| 杨永芳等 | 2018 | 宁夏 232 家企业 3 年的数据调查 | 232 | 描述性统计 | 人工成本、外部经营压力、保险制度因素 |
| 王宏鸣等 | 2018 | 江苏省小微工业企业调查 | 2011 年 1738，2015 年 1226 | T 检验 | 行业特征、工资水平、经营状况 |
| 关博 | 2018 | 分层抽样，对北京市海淀区中关村街道、朝阳区八里庄街道、丰台区花乡地区"三新"就业人员进行调研 | 320 | 描述性统计 | 劳动者参保意愿、社保供给方式 |

| 作者 | 年份 | 数据来源 | 样本 | 模型方法 | 显著因素 |
|------|------|----------|------|----------|----------|
| 程欣等 | 2019 | 2015 年"中国企业－员工匹配调查"（CEES） | 1000 | OLS Probit | 企业特征、要素配置状况、劳动权益保护制度 |

1. 不同视角的社会保险参与行为

第一，以企业的视角开展的社会保险问题分析。以企业的视角开展的实证研究，主要从案例、数据两个维度讨论企业参保的行为及其影响因素。在企业的参保不遵从行为中，逃费是最普遍的行为，包括不缴纳或者少缴社会保险费（Bailey & Turner，2001）。具体可以表现为四种形式：一是劳动合同关系不规范；二是利用非全日制就业做掩饰；三是不足额缴纳工薪税；四是隐瞒工资总额等信息（Gillion et al.，2000；乔庆梅，2004；杨雯，2004；邱鹰，2004；顾文静，2006；章萍，2007；郭伟等，2008；刘鑫宏，2009；胡海，2009；毛江萍，2009；王丹，2006；徐葆敏，2010；封进等，2010；田家官，2014）。实证研究的结论不尽相同，原因可能在于数据的选择、抽样的样本、指标的选择或分析方法不同。

企业的社保逃费行为假设可以将逃税作为参照，以 Arrow（1968）提出的信息不对称理论为基础，其假设为：一是逃费的行为主体都是理性经济人；二是行为主体都是绝对风险厌恶者；三是信息不对称，征收机构通常不知道缴费者的实际收入。从主体博弈视角出发，我国的企业和政府在社会保险缴费的博弈过程中产生了目标分歧和各自的博弈对策，导致囚徒困境的出现，企业存在不参保、做低缴费基数等负面行为（乔庆梅，2004；Jäckle & Li，2006；Nyland et al.，2011；张乃亭，2008；李俊，2010；段亚伟，2015）。

越来越多的学者开始从企业本身去审视其逃费行为，企业规模、企业风险、企业所有制、工资水平等，都有可能影响企业自身判断养老保险带来的成本和收益（Galanter et al.，1974；Gillion et al.，2000；Mares，2002；Nielsen，Smyth & Zhang，2006）。一是企业规模，企业规模与参保行为遵从度呈正相关，因为大规模企业生产成本中，社会保险的占比小，且大规模企业更有能力将社会保险费用转嫁给消费者（Mares，2003；田家官，2014；杨波，2016）。二是企业风险，高风险企业更愿意为其雇员缴纳社会保险，因为可以分担风险，从而提高企业的净效益（Mares，2002）。三是企业所有制，世界银行调查数据显示，东亚国家中国有企业为职工缴纳养老保险的比例高达 100%（World，1994），而非国有企业则以补贴工资为条件，说服雇员同意缴纳较低的社会保险费（Chen et al.，2005；刘欢，2017；杨波等，2017；程欣等，2019）。四是工资水平，企业不会完全承担养老保险缴费，平衡后的结果是，企业会将这一负担部分转嫁给员工，导致员工的当期可支配收入下降（Komamura & Yamada，2004；马双等，2014）。

在选取数据资料方面，抽样调查的样本量较小（王素芬，2016；王国辉等，2016；刘欢，2017；杨永芳等，2018；程欣等，2019），且多为横截面数据，实证研究的结论反映的是样本企业的特征，难以推广。杨波（2010、2016、2017）从上市公司社会保险披露信息入手，分析社会保险负担情况，解释企业拖缴社会保险的相关问题；他还从公司治理的角度出发分析社保监督机制问题，以及企业利益与农民工社会保险的相关问题。从上市公司社保披露信息入手的研究视角具有开创性，但基于社会保险制度本身的分析仅从社会保险缴费与监管部门的监督机制两方面入手略有欠缺，读者很难从文章正文中获得直接的策论分析结果及相应的对策和思路。

周星（2012）选取养老保险参保行为作为研究对象，采用实证研究的方法，通过相关数据介绍了近年来企业养老保险的一些基本情况，进而总结和归纳了企业养老保险参保行为的表现方式，分析了企业参保行为对职工、劳动力市场、政府、养老保险基金收支平衡以及企业自身的影响。在分析企业参保行为的影响因素时，仅从合作态度和不合作态度两方面展开，缺乏对影响因素的全面性概括，因此其提出的政策建议也未能有所突破。

第二，基于行业的视角开展的社会保险问题分析。改革开放以来，我国非正规就业的情况对社会养老保障产生重大的影响。根据发展中国家的实践，与非正规部门（informal sector）相比，正规部门（formal sector）较早加入社保制度。社会保险费由企业和员工共同承担，是企业对员工的一种福利承诺；与之相协调的是，正规部门能够保证员工的长期就业，因此其员工养老保险的缴费年限能够达到标准，从而满足领取养老金的条件。非正规部门不能保证雇员的长期就业，甚至没有合规的劳动合同关系，员工往往收入较低，既没有缴费的能力，又不具有领取养老金的资格。综上所述，非正规部门的员工参保率非常低。研究发现，当前低收入阶层与其他阶层相比，缴费能力差距较大。中低收入群体的养老保险缴费负担仍然很重，并且随着经济下行，缴费负担有进一步加重的趋势（张士斌，2010；陈洋、穆怀中，2017）。

谭兵（2011）以行业分层为切入点分析了社会保险。作者认为，一方面，中国现行的社会政策通过单位性质将职工划分在不同的保险区域，单位性质具体分为机关、事业单位和企业，其中企业又分为国有企业和非国有企业、城镇企业和乡镇企业；另一方面，在目前的情况下，社会政策与行业垄断性难舍难分，不同行业的就业人员享有不同的社会保险资源，呈现分化、分层的格局，社会保险权利碎片化。作者通过数据分析得出，在保险的款项及待遇方面，机关、事业单位的员工优于企业员工，国有单位员工优于其他单位员工，垄断行业的员工优于非垄断行业员工，正规单位就业人员优于非正规单位就业人员，城镇地区人员优于农村地区人员。

2. 基于社会保险制度设计的视角评述企业负担及制度可持续发展

（1）关于社会保险费率水平的研究

部分学者认为，企业逃费比较严重的国家，社会保险缴费率都比较高，因此国际劳工组织提出的主要建议是降低缴费率以提升社会保险的参与率（Bailey & Turner, 2001），一些学者对中国的建议也是如此（Feldstein & Liebman, 2006; Nyland et al., 2011）。

企业作为自负盈亏的经营主体，对社会保险等成本开支极为敏感，社会保险费率水平是影响中小企业参保行为的重要因素（潘楠，2015；苏中兴，2016；赵绍阳等，2016；高彦等，2017；杨翠迎等，2018；张锐等，2018；金刚等，2018；曾益等，2018）。

边恕、孙雅娜和穆怀中（2005）应用柯布 - 道格拉斯生产函数以及财政增长率与 GDP 增长率比值的时间函数，对辽宁养老保险改革试点企业缴费水平与财政负担能力进行了实证分析。他们认为，改革后的社会保险缴费率依然超出企业能够承受的缴费水平，因此，必须加大财政补贴力度弥补养老金收支赤字。

根据 Nielsen 和 Smyth（2008）的统计，中国企业的社会保险支出已经占据了企业用工支出的 40% ~ 50%，这一比例明显高于亚洲其他国家。社会保险支出占用工支出的比重在印度平均约为16%，在马来西亚平均约为 12%，在印尼这一比重为 10% ~ 15%（赵健宇等，2018）。中国社会保险费率高居全球前十位，且主要体现为养老保险费率以及雇主费率过高。对老龄化和费率关系的实证分析表明，在世界范围内老龄化与费率具有正向关系，但其相关性在弱化，且中国的老龄化程度与其费率水平具有不相称性（杨翠迎等，2018）。

白重恩（2010）研究发现，我国企业需要为员工支付的养老保险、医疗保险、工伤保险、失业保险、生育保险五项保险费之和，已经接近工资水平的 40%，相较于发达国家，缴费水平严重偏高。白重恩的研究指出，2009 年按照世界银行测算的实际税率，中国大陆的社会保险费率位居 181 个国家中的第一位，是"金砖四国"其他三国平均水平的 2 倍，相当于北欧五国的 3 倍，约为 G7 国家的 2.8 倍。白重恩认为，从宏观劳动力市场层面来看，社会保险费率过高将影响企业扩大就业的安排；从微观家庭经济层面来看，社会保险缴费率过高阻碍了家庭当期可支配收入的增长。

杨俊（2011）分析了社会统筹养老保险制度的收入再分配功能、福利分配的基尼系数和劳动者福利最大化之间的最优关系。他比较了社会统筹型养老保险计划在不同缴费水平下，对社会福利水平的影响。为了进一步加强对象群体的可比性，他依据劳动者的有效劳动能力将之分为三种类型——高劳动能力者、中劳动能力者和低劳动能力者，分别对应在国民财富第一次分配后所形成的高收入者、中收入者和低收入者。他通过分析不同缴费水平对不同收入水平劳动者的生命周期效用的影响，得出结论：引入社会统筹型的养老保险计划会调节收入分配，提高低收入者的福利水平。社会保险缴费率与低收入者的生命周期效用之间存在倒 U 型的变化关系，即当社会统筹制度的社会保险缴费率在合理范围内增加时，社会福利水平将会改善，同时福利分配的基尼系数将呈现下降的趋势，从而社会福利的分配更趋于公平。然而，过高的缴费率会损害社会福利和分配公平。

杨俊基于计量分析的视角的论证，强化了白重恩的观点。刘红岩（2011）从社会保障支出的角度分析了中国的税负水平，结果表明，中国民众承担的税负水平相对较高，存在税负不公现象，财政支出仍需向社会保障支出倾斜。上述研究都强调了社会保险制度中的缴费率水平科学性的重要作用。

不公平的转轨债务分配、一致的缴费标准和不合理的缴费基数计缴办法使企业产生了逃费动机（章萍，2007；赵耀辉等，2001）。对这一现象的定量研究表明，基于上海三年规模以上制造业公司的数据，可以得出高缴费率对企业参保行为存在负面影响的结论（封进等，2012）；采用规模以上工业公司的审查数据，对企业社会保险实际缴纳情况与平均工资水平的关系进行研究，可以得出我国企业存在逃费现象的相关结论（赵绍阳等，2016）。

（2）关于社会保险征缴机制的研究

政府的征缴机制对中小企业的参保行为既具有激励作用又有

控制作用，前者也是影响后者的重要因素之一。

彭宅文（2010）从政府治理结构对地方政府的发展激励入手，以全国养老保险的缴费、扩面的执行为例进行了分析。他认为，在中央、地方财政分权制度下，基于我国目前养老保险转移制度，中央政府对地方养老保险基金的补贴（纵向养老保险转移支付）以及省级的调剂金制度（横向养老保险转移支付），实际上弱化了地方政府征缴机关积极征缴、扩面的激励，因此，养老保险逃费治理需要完善相关的激励约束机制。

刘军强（2011）从操作实务的角度出发，强调了筹资机构的选择是社会保险制度设计的关键环节。他指出，在中国社会保险费征缴体制中，地方税务机构和社会保险经办机构并存，形成二元征缴局面。即使是新通过的《中华人民共和国社会保险法》也未能终结征缴主体之争。刘军强的研究追踪了 1999～2008 年各省级单位征缴主体的变迁，通过统计分析发现，地方税务机构征收社会保险费更有利于扩大社会保险覆盖面，有利于促进社会保险基金收入增长。该研究中，作者发现社会保险费征缴并非单纯的政策问题，而是牵涉政府不同部门、企业、参保者等多方的利益。这为后续研究提供重要的启示，除社会保险制度设计议题之外，社会保险制度实践也是亟须关注的重要问题。

当前，以强制征收社会保障税形式筹集社会保障资金的做法在世界范围内较为普遍，如法国、德国、瑞典等国的社会保障税已是头号税种（朱远程等，2008）。在我国，也有学者极力倡导开征社会保障税（胡鞍钢，2001）。很多相关研究也开始对我国社会保障税制改革做出规划，提出理论依据和应遵循的原则，讨论社会保障税税基等问题（贾康等，2001；马国强等，2002；高亚军，2006）。我国社会保险费改税已于 2018 年正式提出，并进入改革的过渡期。

（3）关注社会保险可持续发展的研究

郑秉文等人（2012）重点关注阻碍社会保险可持续发展的问

题。他们指出，城镇职工基本养老保险制度存在一个悖论：一方面，基金快速增长，支付能力空前提高；另一方面，在提出财政补贴之后，却有半数省份企业部门基本养老保险基金收不抵支。支付能力的悖论也影响到企业部门参与基本养老保险制度的主观能动性，参与的公私部门差异已成为全国范围内普遍的问题。他们还认为，基本养老保险财务状况存在的这种巨大差异性，是各省之间不同的历史债务、制度赡养率、经济发展水平、劳动力流动空间分布四个因素共同作用的结果。这一分析为深化社会保险制度设计改革提供了新的对策思路。

吴永求（2012）认为，扩大覆盖面是养老保险可持续发展的关键举措。他引用国际劳工组织（ILO）的数据，强调2008年养老保险制度覆盖率仅25.4%；引用2010年世界银行报告的数据，说明尽管养老保险覆盖面在不断扩大，但仍相对集中在城镇地区的正规部门（formal sector），制度的碎片化与覆盖面的局限使养老保险制度的公平性和可持续性受到公众的质疑。他还对世界主要国家养老保险制度与发展水平进行比较分析，总结各国养老保险制度的优缺点，归纳可借鉴的改革成功经验，通过对比研究，主要剖析目前我国养老保险制度面临的制度碎片化、参保结构不合理以及财务可持续性差三个方面的问题，并从收入差距、人口老龄化、历史遗留问题、制度设计等方面分析产生上述问题的原因。吴永求创新性地引入计量经济学的方法，以入户调查数据和宏观统计数据为基础，针对影响参保行为的因素进行了实证研究；随后，在预测未来人口老龄化的数据基础上，评估了基本养老保险面临的财务风险，对不同扩面方案如何影响养老保险基金收支情况进行了模拟推论。通过创新性的研究视角，他建议修改我国养老保险制度设计的目标架构，由此提出关于养老保险制度改革的具体政策建议。

3. 基于员工的视角分析社会保险认知与参与意愿

自愿参保率低的部分原因是员工缺乏对无保险情况金融风险

的认知。加强员工保险教育，提升其对退休储蓄重要性的认知，可以有效提升自愿参保率（Mitchell，1998）。基于德国、意大利、英国、丹麦的比较研究显示，总体而言公共部门的养老保险参与率高于私人部门，个人权利（知识及技能）以及工会力量是显著性影响因素。雇员可以凭借劳动力市场的竞争优势通过谈判获得养老保险；工会的集合谈判力量可以为低技能、低收入雇员群体争取养老保险。若脱离二者，养老保险的覆盖无法实现（Tobias，2015）。

我国基于员工视角开展的养老保险参与研究，主要集中于流动人口、灵活就业人员等方面（刘广兴，2011；林李月等，2009；赵亮等，2011；王爽，2017；陈洋等，2017；关博等，2018）。第一，流动人口的个体特征对养老保险参与有显著影响，包括性别、户口性质、受教育程度、企业性质、企业规模及工作职务等要素（刘广兴，2011；林李月等，2009；王爽，2017），其中教育、培训、技术等级和工作经验对流动人口参与社会保险具有显著的正向影响（赵亮等，2011）；第二，流动人口的长期停留预期会对社会保险参与产生影响，并与个体特征产生交叉影响，从而导致出现不同的结果；第三，员工对社会保险的认知程度与社会保险参与呈正相关（刘广兴，2011；王爽，2017；陈洋等，2017）；第四，新技术、新经济、新业态对劳动者社会保险参与有一定影响，从需求端来看，"三新"劳动者参保意愿整体不高，劳动者参保率低，已经成为制约"三新"就业质量的"短板"（Fox et al.，2018；Frey & Stutzer，2002；Lucas，2007；Booth et al.，2002；Cuyper et al.，2008；关博等，2018）。

Greenwood（2017）、Stefanot（2016）、Ebanks（2017）、Farrell 和 Fiona（2016）、Lupion（2016）等学者讨论了新经济下如何实现对灵活就业劳动者的保障，他们建议通过立法、集体谈判、企业提供津贴、捐款等方式加强对灵活就业人员的保障力度。对灵活就业人员的分类的争议，涉及税务、保障、管理、薪酬等多个层面，学者可尝试将灵活就业人员设置成区别于传统雇员、分包雇员的第三类，其津贴、保障建议可以通过集体谈判来实现。

## （三）小结

在理论研究部分，学界形成的共识较多。一是包括养老保险在内的社会保险是伴随经济社会的发展而不断变化发展的，在经济持续低速增长与人口老龄化的双重压力下，各国的养老保险体制改革呈现责任主体多元、财务测算精细、制度政策收缩的态势；二是工薪税对劳动者就业的影响存在差异；三是养老保险会影响雇员的退休行为，并受到不同福利体制下养老保险制度设计的影响。而实证研究部分，由于样本数量、抽样的范围以及模型的侧重点不同，影响因素存在较大的差异。此前的研究从分析视角、维度、方法方面都给予本书充分的启发，笔者开始思考在纷繁复杂的影响因素背后是否存在逻辑联系，能否有分析框架将这些因素有机地整合起来，从而系统性地回答参保行为究竟受何影响。

政府、劳动者和企业同为社会保险制度的主要关系方，目前国内文献的研究分别从政府、企业、员工三个角度出发开展研究，为本研究开启了思路。本书从现有文献出发，尝试寻找一个理论框架，将三者有机整合起来，全面系统地阐述单一角度的研究可能被遗失或误读的影响因素，力求在分析的广度和深度上都有所提升。

尽管有学者认为，通过税收以及转移支付的收入实现收入再分配的社会福利和保险政策将降低经济效率、减少资本积累，以及减缓经济增长，但从墨西哥与北欧国家的对比情况来看，鲜有证据能够说明福利国家的支出削弱其经济竞争力，而社会保险覆盖面狭窄的墨西哥也没有在经济上实现"节约"后腾飞。

在利益相关者理论背景下讨论企业社会责任问题，这一点为本书引入新的分析视角，从政府、行业竞争者、员工三个主要利益相关者入手，分析企业参加养老保险的行为，这既有助于发现欧美、东亚等社会保险制度较为成熟的国家中社会保险各方良性互动的内在成因，又能利用评价指标体系寻找我国实践中存在的问题与发展的瓶颈，为改革提供可以参考的理论依据和调研资料。

# 四 研究思路、研究方法

## (一) 研究思路

本书采取理论分析与实证研究相结合的方法，对北京地区中小企业参加养老保险的行为进行分析。本书所要分析的问题基于以下三点。

第一，本书通过基于个案调查的定性研究方法，同时对公开数据进行分析，描述北京地区中小企业参保行为的具体情况。

第二，本书通过文献回顾，阐述北欧等国家社会保险与中小企业发展的良性互动。

第三，本书提出优化中小企业参保行为的关键举措，理顺社会保险制度的激励和约束机制。

本书的研究思路遵循以下五个步骤（见图 1 - 2）。

第一步，文献资料收集。收集国内外相关研究文献，制定研究方案。

第二步，确立理论框架。从福利经济学的利益相关者理论出发，以企业社会责任理论为依据，确定基于政府、行业竞争者、员工三个维度分析中小企业参保行为的理论框架。

第三步，国际经验与实践分析。从政府、行业竞争者、员工三个维度入手，搜集欧美国家社会保险制度实践的信息，分析其社会保险制度良性互动的内在成因。

第四步，企业参保行为实证分析。通过开展企业访谈、搜集监管部门数据等方式，确定参保行为指标体系，寻找中小企业参保行为的不合理情况，对政府、行业竞争者、员工三个维度进行博弈分析，阐述非法参保行为的内在成因。

第五步，目标规划与实施路径分析。借鉴国外经验，设计改

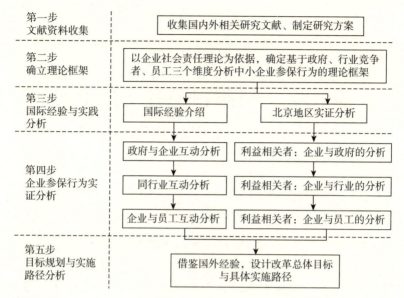

图 1 - 2　研究思路示意

革总体目标与具体实施路径。

## （二）研究方法

　　企业参保行为研究不仅具有理论上的意义，而且具有实践上的意义。根据现有的研究成果和研究目标，本书采用文献分析与实证分析相结合的方法进行研究，并引入利益相关者理论对影响企业参保行为的因素进行分析。

　　第一，规范分析法。企业参保行为很大程度上受到内外部利益相关者的影响，因此，需要采用规范分析法，从对企业参保行为的影响因素入手，总结规律，为政府做好社保管理工作提供政策性建议。

　　第二，实证分析法。本书通过对上市公司年报数据的分析与应用，并利用工作过程中积累的案例进行对比性研究，整理影响企业参保行为的显著性因素，总结不同特征企业参保行为的表现，突破行为识别的瓶颈。

# 第二章　利益相关者视角下的
# 企业社会责任

企业是国民经济的基本单位，是经济体系运行的主要载体。长期以来，企业理论始终在主流经济学体系中占据着中心地位。新古典经济学中的厂商理论、市场结构理论、委托代理理论、产权理论、信息经济学和博弈论等，无不以企业行为作为研究单位。本书从企业社会责任出发，关注企业行为。企业要承担的最基本且首要的责任是维护职工的权益。

## 一　企业利益相关者的外延：
## 以社会保险为视角

在企业理论领域，股东至上理论（shareholder primacy theory）长期以来一直占据着主流企业理论的位置。1963 年，美国斯坦福研究所（stanford research institute，SRI）提出了"利益相关者"（stakeholder）这一概念，此后经过艾林（Allyn）、玛格丽特（Margaret）、多纳德逊（Donaldson）、米切尔（Mitchell）、克拉克森（Clarksen）等学者的共同努力，取得了丰硕的成果，其目前已经成为西方经济学界和管理学界的一个研究热点，并对主流的股东至上理论形成了强烈的冲击。

企业的"利益相关者"的概念有近 30 种提法，尽管各有合理的界定，但很难统一。陈宏辉（2003）认为，企业的利益相关者包括股东、企业员工和各级政府等。然而，不能将所有的利益相关者简单地划为一个整体，因为这样的研究不能得出具有现实意义的结论。

20 世纪 80 年代后，以弗里曼（Freeman，1984）和弗里德里克（Frederick，1995）为代表的学者都对利益相关者进行了划分和研究。

弗里曼从利益相关者所拥有的不同资源出发，将利益相关者分为三类：（1）所有权人，即持有公司股票的董事会成员、经理等人员；（2）经济相关人，即与公司有经济往来的员工、消费者、供应商、竞争者等；（3）社会相关人，即与公司在社会利益上有关系的政府机构、媒体等。

弗里德里克则从对企业产生影响的方式出发，将利益相关者分为直接的和间接的两类。直接的利益相关者是指与企业直接相关的股东、员工、竞争者等；间接的利益相关者是指与企业发生非市场关系的各级政府和一般公众等。

在企业参保的决策与行为中，政府、竞争者、员工是企业最为重要的利益相关者。政府通过制定养老保险政策、收缴养老保险费、支付养老保险待遇，以及与企业发生非市场关系，是企业最为重要的间接利益相关者；竞争者迫使企业在压缩成本、追求利润、吸引员工方面做出努力，是企业休戚与共的利益相关者，员工通过与企业建立正式的劳动关系，成为企业最为稳定的直接利益相关者。

## 二　利益相关者影响下的企业社会责任

针对养老保险问题，与企业发生重要关系的利益相关者主要包括政府、行业竞争者、员工三者，企业需要承担社会责任，相应地，履行"参加养老保险"这个社会责任能够增加企业财富或扩大企业财富的来源，与企业利益是一致的。

从企业出现开始，特别是在工业革命时期，企业就不可避免地承担了一系列在封建社会由封建主和家庭来承担的对雇员和社会的责任。

1924 年，美国学者谢尔顿（Sheldon）在其著作 *The Philosophy of Management* 中首次提出"企业社会责任"（corporate social responsibility，CSR）的概念。随后，针对企业社会责任的理论研究持续不断。1953 年，鲍恩（Bowen）发表了《商人的社会责任》一书，此书被视为企业社会责任的标志性著作，鲍恩也被称为"企业社会责任之父"。

在 20 世纪 60 年代以前，公司的社会责任问题并没引起广泛关注。但那时积极分子运动开始引起了人们对工商企业单一经济目标的思考。随着经济社会的发展，管理者越来越多地遇到慈善、员工安全、资源保护等问题，需要综合考虑社会责任才能做出决策。

早期的研究将商人或者企业家看作社会责任的承担主体，之后的研究进一步从制度性活动对整个社会体系的影响入手来理解企业社会责任，拓宽了人们对社会体系认识的视野。20 世纪 70 年代，企业社会责任越来越受到学界的关注，学界主要基于更加全面和综合的视角分析企业与社会的关系。经济发展委员会（Committee for Economic Development）认为公司的活动需要有社会公众的认可，也就是说，公司必须要对社会需求有建设性的贡献。围绕着企业社会责任有三个同心圆：最里面的是基本经济责任，如产品、就业和经济增长；中间的是在行使经济责任的时候需要关注社会价值观和优先取向的变化，如环境保护、雇佣关系、客户信息、公平待遇等；最外面的是新出现但尚未成形的责任，但从长远看，这些责任也需由企业承担，如贫困和城市困境。

最受业界推崇的是卡罗尔提出的企业社会责任四分法，四种不同层次具体分为经济责任、法律责任、道德责任和伦理责任。经过长达数十年的研究和积累，社会责任理论研究跃升到较高层次（Carroll，1991）。

总的来说，赞成工商企业承担社会责任的原因主要包括以下三方面。

第一，经济原因。企业履行社会责任，特别是对员工的权益保护，能够吸引和留住员工，从而有效提高内部生产效率，符合雇主自身的经济利益。有研究表明，企业履行社会责任将有助于提高企业的股票价格。因为在证券市场中，投资者将承担社会责任的公司视为风险较小的投资对象，投资者的认可将有效提高公司的股票价格，从而帮助股东提升更高的价格－收益比。

第二，政治原因。如果企业将社会责任的履行视为己任，那么企业将获得更多的政策性支持，从而使自身正常业务的开展更加顺利。

第三，社会原因。对社会责任的提倡与承担，既能彰显企业对于自身长期经营的信心，又能符合公众的期望，这有助于企业塑造更为正面形象。

反对工商企业承担社会责任的原因主要包括以下两个方面。

第一，经济原因。古典经济学认定承担社会责任违反利润最大化原则，降低企业的经济生产率；如果企业不得不承担社会责任，那么企业会以更高的价格转嫁给员工或消费者。

第二，社会原因。部分学者认为在"强资本"的格局下，企业的权力已经过大，如果再将社会责任赋予企业，那么企业的权力就会更大；也有学者认为，如果社会责任没有法律支持，那么公众对企业社会责任的预期较弱，在公众意见不一致的情况下，企业履行社会责任的行动很可能失败。

尽管存在争议，但大部分研究表明，公司、社会参与和经济绩效之间存在正相关。把履行社会责任视为一种增加公司财富手段的学者认为，社会责任只有在增加公司财富或扩大公司财富的来源时才与公司利益是一致的。同时，也有一些学者认为，整合社会需求的职能是由政府通过制定相关的政策法规来实现的，但是公司可以通过游说、集团政治联盟、资助非政府机构等手段来影响公共政策与法规，从而间接地对社会构成影响。而在这种影响的传导机制中，需要体现企业的社会责任感。例如，有些跨国公司号称在发展中国家提供各种公共服务。对于这种做法,有的人认为公司是出于自身经营的需要,目的是为了持续获得廉价的劳动力;也有一种观点认为,跨国公司通过自身的示范性社会公益活动,加强了所在国对社会公益活动的重视程度。

当前,中国处在经济转轨、社会转型的关键时期,2006 年 10 月 11 日,十六届六中全会审议通过《中共中央关于构建社会主义和谐社会若干重大问题的决定》(中发〔2006〕19 号),明确提出要"增强公民、企业、各种组织的社会责任",国家作为企业社会责任规则的制定者和推动者所发挥的作用日益彰显。

从我国实践出发,卜长莉(2012)指出,维护劳工权益是企业社会责任的核心。要求企业履行所有的社会责任是不现实的,企业履行社会责任时必须抓住主要矛盾。根据企业主要利益相关者的划分,除股东外,企业首先要对员工负起社会责任,因为股东提供的物质资本是企业存在的基础,而雇员提供的物质资本和人力资本是企业发展的根基。同样重要的是,企业的风险也是由股东和员工共同承担的。在某种意义上,股东和员工共同拥有企业的所有权。作为企业最重要的利益相关者,员工通过劳动与企业建立紧密的联系,对员工权益的保护是企业社会责任的重中之重,保障员工的利益、满足员工的需求是企业的必然选择。

## 三 企业参保行为受到利益相关者的影响

从利益相关者的角度出发,企业参保行为所带来的不同经济利益会影响到企业相关者的利益,但同时,来自企业内外部的利益相关者也会对企业参保行为产生制衡与影响。这种制衡表现为:一方面,企业参保行为结果会影响企业内部的员工、股东的经济利益;另一方面,企业参保行为受到来自企业外部的管理机构(如政府、行业协会)的约束和影响。

对于政府而言,充分了解上述的影响,将为管理企业参保行为奠定良好的基础。政府如果在企业内部建立激励机制，可能会收到提高参保率的效果。例如，现行养老保险政策规定，员工缴纳的费用与其将来领取的待遇之间呈正相关，这将提高员工参保的积极性，并对企业的参保行为形成必要的监督，从而在企业内部形成一种制衡的力量。

随着企业的发展，公司制企业成为理想化的企业模式，但公司制企业参保行为在很大程度上受制于企业的经营者和股东。股东拥有企业剩余索取权，因此，股东所关心的是利润最大化。在所有权和经营权分离的情况下，为了防止企业内部代理人出现"逆向选择"和"道德风险"，股东必然要对经营者，尤其是企业高层管理人员进行激励。当经营者的报酬与企业业绩挂钩时，经营者必然会产生对成本最小化的期待，所以经营者会关心包括社会保险开支在内的全部成本对其的影响。在某种程度上，企业经营者和股东之间有着一致的经济利益。

政府也是企业的利益相关者，当政府与企业之间的关系体现在社会保险征缴关系时，在信息不对称条件下，企业必然与政府之间存在博弈，博弈的结果取决于双方力量的对比。如果政府通过行政和法律等手段加强对企业的制约，就会激励企业的参保遵从行为，反之，就会加剧企业的参保不遵从行为。更严重的是，政府对某一企业的放任，将会产生一系列连带的社会影响，既影响参保公平和效率，也影响社会的和谐。因此，政府如何对企业参保行为进行激励和约束，也是当前社会保险管理需要考虑的问题。

以上分析说明，企业参保行为在很大程度上受到利益相关者的影响。尽管利益相关者都对企业参保行为具有影响，但影响程度是不同的。从利益相关者的角度出发，政府应该利用相关者的力量在企业内外部建立良好的激励和约束机制，从而提高企业的参保遵从行为。

《中华人民共和国宪法》《中华人民共和国劳动法》《中华人民共和国社会保险法》《中华人民共和国公司法》《中华人民共和

国合同法》《中华人民共和国消费者权益保护法》《中华人民共和国环境保护法》等一系列法律法规以及《上市公司社会责任指引》等规定，共同构成较为完整的企业社会责任法律法规体系。

尽管我国法律法规体系相对健全，但我国企业社会责任的实践情况却不尽如人意。本书选取政府、行业竞争者、员工三个关键的利益相关者，从三者与企业的互动影响来分析企业社会责任。

本书从利益相关者对企业参保行为影响的角度，结合社会责任的影响因素分析影响企业参保行为的因素。

（1）追求利润是企业的首要经营目标。企业是资本的载体，反映了资本的本性，即强烈的增值性。这就决定了企业必然把利润最大化作为追求的第一位目标。一方面，这一目标决定企业将千方百计拓展业务市场、提升盈利能力；另一方面，这一目标决定企业将注重成本控制。在此基础上滋生的企业组织文化鼓励企业主为获取利润而不择手段，尽量减少包括社会保险在内的与员工相关的成本支出。

（2）市场竞争压力加剧。企业内部员工之间、部门之间的业绩考评以及企业之间的竞争所带来的压力，迫使企业首先关注经济效益，而忽视了道德水准、社会责任等其他目标。

（3）企业的社会责任意识淡薄。目前，我国企业仍停留在关注"法律条文"而非"法律精神"的层次。在社会保险法中，规定的仅仅是"什么是可行的"而非"什么是道德的"。以社会保险为例，不少企业认为登记参保就已足够，做低缴费基数等投机取巧的行为都是"合法"的，他们仅仅遵从法规的最低标准。

（4）政府立法规范性不足。目前社会保险法在界定企业参保行为时的规范性不足，企业在遵从法规的过程中往往"就低不就高"，无法对企业参保行为是否合法合理提供制度依据。

（5）政府执法监督不力。政府缺乏行之有效的控制手段，这加剧了部分企业的不遵从行为，社保制度的疏漏以及征管措施的缺乏给了有不遵从行为的企业可乘之机。

（6）公众对制度管理效果的不理解。目前，关于基本养老保险基金结余管理不善的新闻层出不穷，关于"养老金双轨制"的待遇差异也有诸多诟病，企业和员工越来越不能容忍社会保险领域的不公平及非效率。

（7）社会风气的形成。由于"偷逃费是企业的一种能力体现"的社会风气在中小企业中颇为盛行，公众认为企业的参保不遵从行为在一定范围内是可以容忍的。

在社会保险方面，上述因素均能影响企业参保行为，但问题的关键在于从众多因素中找到关键点，以便有效地管理企业参保行为。本书选取政府、行业竞争者、员工三个重要的利益相关者，并深入分析三者对企业参保行为的影响，具体分析维度，如图 2 - 1 所示。

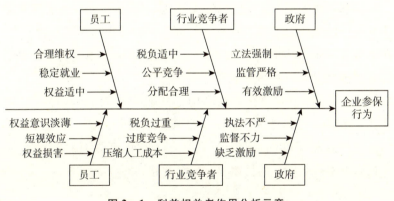

图 2 - 1 利益相关者作用分析示意

## 四 企业差异对企业参保行为的影响

企业特征是将企业按照一定标准进行的分类。萨缪尔森和诺德豪斯（2013）在其合著的《宏观经济学》中认为："企业的每一种组织形式都各有其优缺点。小企业具有灵活性，能够向市场提供新产品，也能够迅速从市场退出。但是，它们的主要缺点在于不能从分散的投资者手中筹集到大量的资本。今天的大公司，国家能够确保它们承担有限的责任，能够从大银行、债券持有者和股票市场借入资金，从而积累起数十亿的资本。"同时，在关于大企业、小企业和微型企业的组织差异及其特点的分析中，他们也认为："小企业在数量上占有优势。但是，从销售额、资产、政治和经济力量、工资数额和职工人数来看，几百家大公司占有支配的地位。"

在分析业主制、合伙制以及公司制企业的差异中，萨缪尔森和诺德豪斯（2013）阐述了现代公司制企业的特征及其优缺点。现代公司制企业的核心特征有三点：一是公司的所有权属于那些掌握了公司普通股的所有人；二是从原则上讲股东控制其所拥有的公司，三是公司的经理和董事会拥有制定公司决策的合法权利。

萨缪尔森和诺德豪斯（2013）关于企业组织的观点，不仅说明了不同的企业组织形式所具有的特点，而且指出了其法律责任。这本身是对企业特征的客观分析和总结，其中也隐含着股东和经营者可能操纵公司利润的信息。

由于不同特征企业的股权结构、企业所享有的政治特权地位、企业内部的委托代理关系、企业内部业绩评价方法、企业享受到的税收优惠政策以及企业经营者的守法意识等方面的差异影响，不同企业对社会责任的反馈存在巨大差异。

## （一）企业规模对企业参保行为的影响

企业规模的大小可以用很多指标来体现，如生产规模、销售规模、资产规模或员工人数等。本书选取员工人数作为分析企业规模与企业社会责任的指标。

第二次世界大战以后，全世界的中小企业占到企业总数的99%，并成为各国经济的中流砥柱（林汉川等，2003）。根据中小企业划型标准和第三次经济普查数据测算，以工业为例，大型企业占全部工业企业的 0.4%，中型企业占 2.4%，小型企业占

33.0%，微型企业占64.2%，中小微企业合计占99.6%。中小企业已经是国民经济中最为活跃的主体力量。

（1）不同规模企业参保行为的差异

为了解不同规模企业的参保行为差异，本部分通过对北京地区上市企业2007~2016年的年报数据进行整理分析（见表2-1），寻找企业参保行为的个体差异以及呈现的共性特征。截至2016年末，沪深两市共有2848家上市企业，按人员规模划分，雇员人数万人以上的企业361家，雇员人数在1000-10000人的企业1784家，雇员人数在千人以下的企业695家。以1000人作为划分界限，上市企业中，大型企业2145家，中小企业695家。

根据员工人数的划分，上市企业中，大型企业2145家，中小企业695家。其中大型企业的平均员工人数9281人，中小企业平均员工人数540人。

在企业经营情况方面，大型企业中，平均净利率为正的企业2017家，平均净利率为12.55%；中小企业中，平均净利率为正的企业有594家，平均净利率为19.97%，中小企业的盈利情况较好。中小企业人均年薪也比大型企业高，中小企业人均年薪为12.7万元，而大型企业仅有8.4万元，差异较为显著。但在社会保险费和职工薪酬比例方面，大型企业为16.51%，中小企业仅为16.94%。上述数据表明，尽管中小企业的经营状况较好，但在参加社会保险方面，两者的情况不分伯仲。

表2-1　2007~2016年北京地区上市公司对比

| | 大型企业 | 中小企业 |
|---|---|---|
| 上市企业数（家） | 2145 | 695 |
| 平均员工人数（人） | 9281 | 540 |
| 平均净利润率（%） | 12.55 | 19.97 |
| 人均年薪（万元） | 8.4 | 12.7 |
| 社会保险费和职工薪酬比例（%） | 16.51 | 16.94 |

（2）成因分析

大型企业与中小企业在参保行为上的差异主要源于对企业成本与违法成本的考虑。

在企业成本方面，中小企业税负一直广受关注。对于一般中小工业企业来说，它需要缴纳的费用一般包括：增值税（9%~13%）、企业所得税（25%），同时在营业税额度上还要增加城建税（7%）、印花税（1‰）以及其他地方特殊附加税，除此之外，还需要缴纳工商年检费、工会费、环境卫生评估费、垃圾清理费、消防许可费等各种非税费用。因此，中小企业会在不明显违法的情况下，尽量减少企业支出，例如，虽然企业登记参加社会保险，但瞒报参保人数、做低缴费基数，是比较普遍的做法。

在违法成本方面，企业规模越大，越容易受到监管部门的严格审查。大型企业的用工制度比较规范，不断增加的透明度也使这些大型企业成为用工制度的重点监控单位。总体上说，随着规模的扩大，企业对税收和社会保险法规的敏感度在增加。

## （二）实际控制人对企业参保行为的影响

根据实际控制人的性质差异，北京地区上市公司分为国有法人控股、境内非国有法人控股、自然人控股以及混合制四种类型。

（1）不同的实际控制人对企业参保行为的影响

在2848家上市公司中，中央国家机关、国资委、地方政府、地方国资委为实际控制人的国有企业1038家，个人控股的企业1640家，境外投资人控股的企业95家（见表2-2）。这与我国多种所有制并存的经济体系是高度相符的。

表2-2　实际控制人对企业的影响

| 实际控制人类型 | 企业数量（家） | 平均净利率（%） | 平均雇员数量（人） | 人均年薪（万元） | 2013年社保缴费占总薪酬的比例（%） |
|---|---|---|---|---|---|
| 中央国家机关 | 39 | 15.61 | 14797 | 10.92 | 14.41 |

| 实际控制人类型 | 企业数量（家） | 平均净利率（%） | 平均雇员数量（人） | 人均年薪（万元） | 2013年社保缴费占总薪酬的比例（%） |
|---|---|---|---|---|---|
| 中央国有企业 | 36 | 11.46 | 28620 | 10.88 | 14.35 |
| 国资委 | 285 | 8.17 | 20160 | 10.12 | 20.46 |
| 地方国有企业 | 19 | 11.75 | 4713 | 12.59 | 13.88 |
| 地方国资委 | 554 | 10.73 | 7923 | 9.67 | 19.19 |
| 地方政府 | 105 | 13.58 | 4254 | 9.34 | 16.05 |
| 个人 | 1640 | -1.12 | 4369 | 9.14 | 10.95 |
| 集体企业 | 34 | -18.57 | 6618 | 9.75 | 13.18 |
| 大学 | 12 | 6.78 | 2026 | 8.17 | 12.25 |
| 境外投资人 | 95 | 11.34 | 4182 | 8.61 | 11.43 |
| 民营企业 | 2 | 12.40 | 2952 | 6.58 | 5.08 |
| 职工持股会 | 4 | 42.14 | 3913 | 11.8 | 37.42 |
| 其他 | 11 | 25.83 | 11793 | 12.75 | 12.26 |
| 未明确 | 12 | 29.97 | 6476 | 8.83 | 8.57 |
| 总计/整体 | 2848 | 3.68 | 7135 | 9.71 | 13.87 |

从企业经营状况看，2848家上市公司的平均净利率，受到集体企业以及个人控股企业的下拉，整体仅为3.68%，其中国有法人控股企业的平均净利率为10%左右。上述数据表明，国有企业的生存压力明显小于个人控股企业、集体企业。

从雇员方面看，国有法人控股企业的平均雇员人数最高，这与经验假设相符合。而个人控股的企业平均雇员人数也达到了4369人，说明民营经济中也不乏大型企业，这与经验假设不相符，需要进一步挖掘其中的数据进行分析。

从人均年薪看，2848家上市公司的人均年薪为9.71万元，不同类型企业的人均年薪水平离散程度并不高。

从社保缴费占职工薪酬的比例看，国有法人企业（包括中央、地方国有企业以及国资委下属企业）的比例与民营企业相比高一些，而民营企业的比例最低，仅为9.14%；从直观数据表明，其中的原因值得探究。

（2）成因分析

实际控制人可以是个人、家庭或家族、政府、控股公司、银行、机构投资者等，实际控制人与公司的治理结构，包括参保行为在内的社会责任之间存在一定的关联。

国有法人控制的企业，其所有权与经营权实现了有效的分离，经营管理层自身也是领薪员工，在关注公司业绩和利润的同时，经营管理层还高度重视社会保险。这既是国有企业社会责任的必然要求，又符合经营管理层自身的利益，实现了双赢。

混合制或境内非国有法人控制的企业，其所有权与经营权也实现了分离，该类别企业的经营管理层的薪酬与公司报告期的净收益有关。出于高报酬的偏好，经营管理层会尽可能提高报告期收益来增加他们当期的红利。基于上市公司公开披露相关数据的需要，该类企业会做好社会保险登记缴纳工作，但他们也会通过做低缴费基数等方式，减少员工成本开支。

自然人控制的企业，其所有权与经营权往往未能有效分离，作为控股股东的经营管理层往往更关注公司的利润，这是经营管理层效用最大化的必然选择。在政府缺乏有效监管的前提下，该类企业会想方设法钻制度的空子，尽可能减少员工成本开支。因此，民营企业的社会保险缴费占职工薪酬的比例明显偏低，需要引起高度的关注。

基于上述分析，本书将研究对象锁定为中小企业，对中小企业的分析将突出反映企业参保行为中存在的问题，这样更具针对性。

# 第三章 部分国家社会保险与中小企业发展互动分析

在绝大多数国家，社会保险是社会福利体系中最重要的项目。它起源于中欧的自愿保险，19世纪末20世纪初被政府制度化，很快就被传播到美洲。Lawrence 和 Thompson（2006）指出，尽管细节存在差异，但大部分国家社会保险项目存在一些同质特征，可以总结为七个方面。

（1）强制参与。大多数人都是按照法律要求参加社会保险项目。在部分国家，少数人可以自由选择是否参加社会保险。

（2）政府资助。政府设计并监管社会保险项目，但不一定亲自参与管理。社会保险项目，可由私人部门管理，例如德国的医疗和养老金体系；也可与公共机构签订私人合同，例如美国的老龄医疗保险项目（medicare）；也可由公共机构管理，例如盎格鲁-撒克逊国家的公共养老金项目。当私人部门运营这些项目时，将受到公共部门的严格监管。

（3）缴费制。经营社会保险项目的经费大多由雇主缴纳或由雇主和雇员共同缴纳。雇员的缴费通常是工资数额的一定比例。

（4）缴费获得的待遇资格。社会保险项目的待遇资格，通常由个人缴费或个人的雇主缴费而获得。

（5）法律规定的待遇。所有参与者的待遇事项均由法律决定。项目管理者不能自由决定获得待遇的资格或标准。

（6）待遇与缴费不直接相关。社会保险项目通常在高收入员工与低收入员工之间进行再分配。再分配力度最大的项目是医疗保险与定额给付养老金项目，在上述项目中，高收入员工的缴费高，但所有员工的待遇是相同的。在大多数公共养老金计划中，待遇以过去的收入为标准来确定。尽管如此，低收入员工的替代率要高于高收入员工。许多社会保险项目给予家庭赡养人口、学生、军人、儿童看护者等发放津贴。

（7）独立核算以及长期财务计划。社会保险缴费被指定用于支付社会保险待遇。政府通常会采用独立账户来记录项目的收入与收益，但政府也存在将社会保险项目与其他政府项目合并计算的情况。政府通常会有清晰的财务计划，保证项目收入足够支付未来的项目支出，如果收入不足以支付，政府通常会解释如何平衡收入与支出。

本书对国际经验的介绍，将不以传统的国籍作为区分的边界，而是从政府、行业竞争者、员工三个维度入手，搜集各国社会保险制度实践的信息，分析其社会保险制度良性互动的内在成因。

# 一　政府

从利益相关者理论出发，政府是企业重要的利益相关者之一，对企业的经营能够产生深远的影响。政府是社会利益的保护人，对公司行为进行监督，以保障公司能够在满足自身利益最大化的同时，不至于损害社会其他群体乃至社会整体的利益。

各国社会保障制度设计呈现差异化的趋势，基于相同的文化背景或面对类似的历史发展阶段，又能在差异中寻找到共性的线索。本书采用 Esping-Andersen（1990）三分法，简要回顾社会民主主义、保守主义和自由主义三种模式下政府在制度设计理念、社会保险费率厘定、激励约束机制方面的情况。

从不同的福利制度角度看，福利国家的模式确实在一定程度上影响了企业参与社会的行为。从理论上看，在保守主义模式下，政府立法强制了企业对其员工承担一定的社会责任。在自由主义福利国家，则主要通过政府的补余式社会政策提供公民的基本保障。而在社会民主国家，国家对公民有更好的保障措施，企业自身需要承担的责任就相对少一些。

## （一）制度设计的理念

在学术界得到认同的观点是，社会保障不能解决人的所有需求，但社会保障是满足人类自由、平等、生存、发展等需求的制度保障之一。对共同的人类需求（权利）的认识与保护，能够为我们揭示社会保障制度选择的文化背景。

欧洲文艺复兴时期，欧洲现代民主思想中的许多较为彻底和系统的基本概念逐渐形成，特别是人的自然权利、社会契约、人民的革命权以及权力制衡等理论都有了较为长足的发展。具体地说，这些基本概念主要以否定神权、肯定人权为特色，在此基础上才进一步发展成为社会契约、人民革命权（不仅是对神的革命，而且是对一切不符合人性制度的革命）以及三权分立等方面的系统理论。这些理论否定了神权和封建特权的所谓的合理性，为人的自然权利进一步科学化奠定了基础。从文化到社会制度的进程集中体现在卢梭在《社会契约论》中的论述，即"当全体人民对全体人民做出规定时，他们便只是考虑着他们自己了；这时人们所规定的事情就是公共的，正如做出规定的意志是公意一样。正是这种行为，我就称之为法律"（卢梭，2003）。

1942年11月，贝弗里奇向政府提交了《社会保险和相关服务》的报告，即著名的《贝弗里奇报告》（威廉姆，2008）。贝弗里奇吸取有关"国民社会保障权利"的观点，并将这种观点融入制定的计划中，报告以消除贫困、疾病、肮脏、无知和懒散五大社会病害为目标，编织一张覆盖全社会各阶级和各方面的社会保障网络。借鉴《贝弗里奇报告》的理念，各国社会保障设计的理念中存在相对的共性，绝大多数经济较发达的国家，都不会单独设计社会保险制度，而是将社会保险、社会救助、社会福利等问题统筹考虑。

1. 社会民主主义模式

社会民主主义模式的典型代表是斯堪的纳维亚的几个国家，它缘于贝弗里奇的普遍公民权原则，享受社会保险待遇的资格仅仅与公民资格或长期居住权相关，与个人需求程度或工作表现无关。北欧福利国家实质上就是普遍主义引领下的社会服务国家（Anttonen，2002；Esping-Andersen，1990；Kautto et al.，1999；Kuhnle，2000）。Anttonen 和 Sipilä（2000）全面阐述了普遍主义原则的发展原因，包括但不限于：社会民主、基督教、平均地权论、妇女运动的力量、文化趋同以及对国家的高公共支持率。

Sainsbury（1996）指出普遍主义的概念是多维的。第一，它明确了理念，公民的福利权利受到法律保护；第二，它明确了服务的承诺，对全体公民提供福利及服务；第三，它明确了服务的标准，全国范围的公民均是统一形式的福利；第四，它明确了实质效果，大多数公民在其需要时确实依靠和使用这些福利。根据上述概念，普遍主义原则的施行需要以强大的税收支持为基础。

瑞典是选择普遍主义的福利国家典范，在欧洲地缘环境中的地位使其深受欧洲文化的影响，欧洲启蒙主义的自由、平等、博爱观念根深蒂固。第二次世界大战后，瑞典于 1946 年加入联合国，1959 年加入欧洲自由贸易联盟，与欧洲文化的联系更加紧密，为瑞典接受《贝弗里奇报告》中的福利国家理念提供了机遇。

普遍主义是由国家主导的体系，其中包括了全部人口的社会权，消除了地位特权。选择普遍主义的国家有新西兰、挪威和瑞典，还有可能包括丹麦和荷兰。

战后职业养老金的迅速增加不只是战争与工会权利的副产品；它也受到各种政府创新措施的培育。如果国家的角色在战前和战后有所区别的话，那么在战后资本主义中，国家的作用比以往任何时候更加突出而且强有力。国家在社会保障决策的方面已产生深远的效果。社会民主主义体制中，国家只建立普遍性的单一费率养老金，通常只是从原有的最低养老金升级而来，所提供的福利金额是一致的但不高，挪威、瑞典、芬兰、丹麦等国通过立法制定补充养老金。从历史发展脉络看，公私混合形态在国际上虽然有所差异，但私人市场都在发展壮大。

2. 保守主义模式

保守主义模式的典型代表包括奥地利、法国、德国和意大利等许多国家。该制度类型的特点是社会保险待遇的资格与就业情况密切相关，只有参与劳动力市场并缴纳社会保险费的劳动者才可以领取，社会保险待遇与缴费之间存在精算关系。这类制度迅速从德国扩展到整个欧洲大陆。

德国是现代社会保险制度的创始国，是自保公助型社会保险制度的典型代表。社会市场经济思想是德国社会保险制度建立的主要思想基础。按照欧肯、艾哈德、米勒－阿马克等创始人的理想，社会市场经济是一种有社会秩序的、实现了社会公正和社会安全的、以竞争为基础的市场经济制度，即克服了自由放任和严酷无情的政府管制，在绝对自由和集权主义之间的一种"第三条道路"——经济人道主义。正如艾哈德所说，"社会市场经济＝市场经济＋总体调节＋社会保障"。在实际运行中，社会市场经济坚持个人劳动和社会平等、个人负责和国家保护、既要竞争又要互助的基本原则，深刻体现了德意志特色的经济价值观，即社会市场经济的增长和效率只是一种工具，它最终服务于社会和谐、社会公正以及符合人的尊严的生活等目标（冯兴元，2013）。

保守主义以由国家主导的保险体系为主。在这种体系中，社会地位是养老金结构的要素。社会保障倾向于根据职业而有区别，其中公务员享有明显的特权。这类保守主义国家有奥地利、比利时、法国、德国、意大利等。在这些国家中，市场化和商品化的自由主义原则几乎未占过上风，私人保险和职业补充保险从未担当过主角，公民的社会权问题几乎未受过质疑，合作主义政制几乎取代市场而成为福利提供者的国家工具之一，而国家的作用主要是维护社会阶级和社会地位的差异，保护既有的阶级分化现状，再分配对社会权的阶级归属和社会分层几乎没有什么影响（彭华民，2009）。

3. 自由主义模式

自由主义模式是在盎格鲁－撒克逊（Anglo-Saxon）国家的历史中确立的，以美国、加拿大和澳大利亚等国为代表。社会救助在这种福利体制中居支配地位，整个福利体制包括经济调查式和家计调查式的社会救助、普遍式转移支付以及社会保险。"济贫法"对自由主义模式影响深远，主要体现在福利给付的对象限定为收入较低、依靠国家救助的工人阶层。

以美国为例，美国人信奉极端的个人主义、自我奋斗和富于冒险的精神，其价值观的核心强调通过个人奋斗来追求自我价值的实现，这种理念使美国人反对政府对经济的干预，崇尚自由竞争的市场机制。美国社会保障制度以凯恩斯有效需求理论为基石，在充分发挥市场机制对经济的自发调节作用的同时，政府通过"需求管理"对经济进行调节，特别是通过政策来干预经济，扩大政府财政支出，以帮助美国经济走出萧条。罗斯福提出了社会保障与国民自我保障相结合、消极的社会救助与积极的自我救助相结合的主张，1935 年的《社会保障法》体现了福利给付遵循的权利与义务相对等、公平和效率相统一的原则。自由主义下分层的理想是由市场培育的竞争性个人主义。社会救助制度热衷于需求审查方式，政府救助只针对真正的贫民，导致了社会丑化与二元化；私人保险与谈判相结合的职业福利，尽管符合自立、正义、自由选择等自由主义原理，但也会促成特殊的阶级二元现象；社会保险会复制出市场的分层状况，它会促使那些较为幸运的人获得更多的私人保障。

上述制度结合起来的社会分层结果是，底层群体主要依赖有丑化作用的救济；中间群体则是社会保险的主要客户；有特权的群体能够从市场获得主要的福利。这或多或少表现出美国的社会分层状态，英国的福利体系也与美国相类似。

在盎格鲁－撒克逊国家中，市场机制取代了社会保障或公务员特权。国家通过保证最低水平或者通过补贴私人福利方案来鼓励市场，市场机制实际上得到了强化，因为除了那些市场中的"失败者"，所有人都受到鼓励，与私人部门签订了契约从而获得福利。

综上所述，社会保险制度作为政府干预的一种正式的制度安排，是对政府作用的肯定，与普遍主义、保守主义的融合度较高，因而瑞典、德国较早建立了包含社会保险在内的社会保障制度；与自由主义的理念融合度较低，美国的社会保险制度在20世纪30年代由于世界经济危机才建立起来。

## （二）社会保险费率的合理厘定

各国社会保险项目的筹资方式与筹资标准不同，综合比较，瑞典、德国、美国的社会保险费率是基于经济发展状况而确定的，与社会保险待遇相配套，与国民生产总值、人类发展指数相协调。

### 1. 社会保险项目及筹资方式

瑞典、德国、美国的社会保险均包括老年、残障和遗嘱保险、健康医疗保险，工伤保险，失业保险四大主要项目。德国为应对老龄化问题还增加了长期护理保险，从1995年初开始实施，法规规定，凡是参加法定医疗保险的人自动参加长期护理保险。

瑞典、德国、美国的社会保险筹资均采用工薪税的形式。在瑞典，雇主和自雇者的缴费在健康、疾病保险和劳动力市场缴费方面存在不同，劳动力市场缴费主要为失业保险筹资，社会保险税基通过薪金和各种保险计算得来。

在德国，主要由与收入相关的社会保险税提供资金，每位参保雇员及其雇主都必须按一定的收入比例缴纳社会保险税，不足部分由联邦政府补贴，补贴目前约占总体税收的1/4。养老保险、医疗保险、失业保险则主要由社会保障税提供资金，工伤事故保险几乎完全由雇主的工薪税提供资金。

美国的筹资来源是雇主、雇员和自雇者所缴纳的社会保障税。美国的社会保障税属工薪税，向工资额在征税工资的下限额与上限额之间的收入者征缴，资金纳入专用基金账户管理。社会保障税作为养老、遗属和伤残保险的税率由雇主、雇员共同负担，自雇者全部自付；医疗保险的税率由雇主和雇员共同负担；工伤保险和失业保险的税费由雇主负担。

2. 社会保险项目的费率厘定

从表3-1、表3-2可以看出，2019年瑞典、德国、美国在人均国民生产总值的数值与购买力评价指标上水平接近，且三国的人类发展指数也很接近。这表明三国的经济实力能够负担相近的社会保险开支，由于各国福利体制不同，社会保险费率也有较大的差异。

表 3 - 1　2019 年部分国家人均国民生产总值及其排名

单位：美元

| 国家 | 人均国民生产总值 | 世界排名 |
| --- | --- | --- |
| 瑞典 | 51632 | 18 |
| 德国 | 46467 | 23 |
| 美国 | 65240 | 12 |
| 日本 | 40239 | 33 |
| 韩国 | 31838 | 38 |

数据来源：联合国统计司，http：∥data. un. org/Data. aspx？q = gdp&d = SNAAMA &f = grID%3a101%3bcurrID%3aUSD%3bpcFlag%3a1，最后访问日期：2021 年 8 月 6 日。

国际劳工组织建议，企业社会保险费的缴费比例不应超过员工工资总额的25%，因此25%的费率也成为"国际警戒线"（白重恩，2010）。综合统计社会保险各项缴费的总费率，仅有瑞典超过该警戒线，但瑞典的保险待遇水平充分体现普遍主义的原则，大大缓解了缴费可能带来的负面影响，而德国与美国的总体缴费均低于25%。

表 3 - 2　2019 年部分国家人类发展指数

单位：年，美元

| 国家 | 人类发展指数 HDI | 预期寿命 | 人均国民收入 |
|------|------------------|----------|--------------|
| 瑞典 | 0.945 | 82.8 | 55314 |
| 德国 | 0.947 | 81.3 | 54508 |
| 美国 | 0.926 | 78.9 | 63826 |
| 日本 | 0.919 | 84.6 | 42932 |
| 韩国 | 0.916 | 83.0 | 43044 |

数据来源：《人类发展报告 2020》，http://hdr.undp.org/en/content/human-development-index-hdi，最后访问日期：2021 年 8 月 6 日。

从表 3 - 3 可以看出，从养老保险的项目类型来看，社会保险是最为普遍的形式，各国普遍采用强制性的参与政策，养老保险覆盖率高。德国、美国的法定退休年龄超过了 65 岁，瑞典采用了弹性退休制，我国的法定退休年龄远低于其他国家以及香港地区。缴费的义务主要由雇员和雇主共同承担，政府担任特定人群的缴费或承担管理费用，从缴费率水平来看，社会民主主义体制的瑞典，高于保守主义体制的德国、日本。

表 3 - 3　部分国家基本养老保险情况

单位：岁，%

| 国家 | 项目类型 | 法定待遇年龄 | | 缴费率 | | | 法定覆盖率 | | | |
|------|----------|------|------|------|------|------|------|------|------|------|
| | | 男 | 女 | 雇员 | 雇主 | 政府 | 所有项目 | 强制缴费 | 自愿缴费 | 不缴费 |
| 瑞典 | 强制私人保险全民式补助 | 61（弹性） | 61（弹性） | 7 | 10.21 | 承担特定人群的缴费 | 100 | 78.9 | 0 | 21 |
| 德国 | 社会保险 | 65（1963 年后出生为 67） | 65（1963 年后出生为 67） | 9.3 | 9.3 | 承担特定人群的待遇或缴费 | 100 | 76.4 | 23.5 | 0 |

| 国家 | 项目类型 | 法定待遇年龄 | | 缴费率 | | | 法定覆盖率 | | | |
|---|---|---|---|---|---|---|---|---|---|---|
| | | 男 | 女 | 雇员 | 雇主 | 政府 | 所有项目 | 强制缴费 | 自愿缴费 | 不缴费 |
| 美国 | 社会保险 | 66 | 66 | 6.2 | 6.2 | 向信托基金注资 | 100 | 73.6 | 0 | 26.4 |
| 日本 | 社会保险全民式 | 65 | 65 | 8.9 | 8.9 | 管理费用 | 98 | 97.5 | 0 | 0 |
| 韩国 | 社会保险社会救助 | 61 | 61 | 4.5 | 4.5 | 支付特定人群保险待遇 | 100 | 70.9 | 0 | 29.1 |

数据来源：ILO，World Social Protection Report 2017 – 2019。

从表3 – 4看，除美国采用强制性私人保险外，瑞典、德国、日本、韩国、中国均采用强制性社会工伤保险制度，覆盖人口占就业人口的比重较高，覆盖率最低的是韩国，仅有76%。在缴费义务中，雇员不承担缴费义务，普遍由雇主承担缴费，德国、日本、中国政府承担必要时的补助。与养老保险费率相比，工伤保险的筹资费率较低，日本、韩国、中国采用阶梯式差别雇主费率，工伤风险水平与缴费率呈正比。

表3 – 4　部分国家工伤保险情况

单位：%

| 国家 | 项目类型 | 缴费率 | | | 覆盖人口占就业人口比重 | |
|---|---|---|---|---|---|---|
| | | 雇员 | 雇主 | 政府 | 强制 | 自愿 |
| 瑞典 | 社会保险 | 不缴费 | 0.3 | 不承担 | 92.6 | 0 |
| 德国 | 社会保险 | | 1.3 | 必要时的补助 | 89.2 | 0 |
| 美国 | 强制私人保险 | | 1.3 | 不承担 | 87.6 | 0 |
| 日本 | 社会保险 | | 0.25 ~ 8.8 | 必要时的补助 | 85.5 | 0 |
| 韩国 | 社会保险 | | 0.7 ~ 34 | 不承担 | 76 | 0 |

数据来源：ILO，World Social Protection Report 2017 – 2019。

　　就社会保险福利而言，社会民主主义体制的瑞典，总公共支出占 GDP 的比重最高，达 26.7%；保守主义福利体制的德国、日本水平次之，分别是 25% 和 23.1%；自由主义福利体制的美国再次之，为 19%。社会保险福利水平与人均 GDP 水平呈现相关性，人均 GDP 超过 25000 美元的国家，社会福利总支出相对较高。

　　就社会保险的福利待遇而言，社会民主体制的瑞典，总公共支出占 GDP 的比重最高，达 26.7%；保守主义福利体制的德国、日本水平次之，分别为 25% 和 23.1%；自由主义福利体制的美国再次之，仅为 19%。综上所述，社会保险福利水平与福利体制的分类呈显著的相关性。社会保险福利水平与人均 GDP 的水平相关性不强，美国与瑞典的人均 GDP 水平接近，但总公共支出与剔除卫生费用后的公共支出均存在较大差异。福利体制还显著影响各国对 15～64 岁人口的社会福利支出安排，与瑞典、德国相比，自由主义福利体制的美国对就业人口的福利支出较少，体现其对劳动力市场的不干预原则，而日本、韩国的就业福利则体现出东亚就业优先的特性。

表 3-5　部分国家社会保险福利情况

单位：%

| 国家 | 全部人口的社会福利支出 | | 年份 | 15～64 岁人口的社会福利支出 | | | | |
| | 总公共支出占 GDP 比重 | 总公共支出占 GDP 比重（剔除卫生费用） | | 社会福利支出占 GDP 比重 | 失业津贴支出占 GDP 比重 | 劳动力市场支出占 GDP 比重 | 疾病、工伤、生育、残障津贴支出占 GDP 比重 | 社会救助支出占 GDP 比重 |
| --- | --- | --- | --- | --- | --- | --- | --- | --- |
| 瑞典 | 26.7 | 10.0 | 2015 | 6.1 | 0.5 | 1.4 | 4.3 | 1.2 |
| 德国 | 25.0 | 10.1 | 2015 | 3.7 | 1.0 | 0.7 | 2.1 | 0.8 |
| 美国 | 19.0 | 7.0 | 2015 | 2.0 | 0.4 | 0.1 | 1.4 | 0.7 |
| 日本 | 23.1 | 12.1 | 2013 | 1.4 | 0.2 | 0.2 | 1.0 | 0.4 |
| 韩国 | 10.1 | 2.7 | 2014 | 1.3 | 0.3 | 0.5 | 0.6 | 0.6 |

　　数据来源：ILO, World Social Protection Report 2017 - 2019。

上述表格公布的数据可以归纳，瑞典的社会保险税率最高，德国的社会保险税率居中，而美国的社会保险税率低于瑞典等福利型社会保障制度国家的税率水平，体现了美国"补缺"社会保障提供基本保障的特点。

### （三）激励约束机制

社会保险制度特别需要政府在管理措施上既发挥约束作用也发挥激励作用，提升企业和员工的自愿参保率，同时保证受益人的合法权益。

1. 约束机制

作为一项立法强制的社会制度，社会保险必须拥有严格的约束机制，避免企业不参保、不缴费等行为。

（1）立法强制

结合瑞典、德国、美国社会保险发展实践，三国都建立了社会保险法令，确定与规范了社会保险的性质、特征、目的、类别与主要内容。长期的发展促使社会保障法律体系趋于健全，每一项制度的出台和实行都有法律的保障，明确规定了社会各成员的权利和义务，大大提高了制度实施的可操作性和稳定性。

众多学者都认同德国是社会保险的发源地。19世纪中后期，随着工业革命的发展和社会结构急剧转型，为维护社会稳定，德国对社会保障的需求日益迫切。1881年，德皇威廉一世发表的《黄金诏书》首次提出建立"社会保险制度"的构想，以满足民众的社会保障需求。这份诏书确定了德国社会保险的构建理念，随后，宰相俾斯麦负责具体实施，着手建立普遍性、强制性的统一社会保险体制。1889年5月24日，德国国会通过了《老年和残疾社会保险法案》，并于1891年1月1日开始生效。该法案明确了社会保险制度框架，主要体现在以下四方面：一是覆盖范围，工人和职员一律实行老年和残疾社会保险制度；二是筹资机制，雇主和员工共同负担缴费义务，各占50%的缴费比例，国家承担的筹资职责主要是对领取老年和残疾保险金者每人补贴 50 马克；三是财务模式，养老保险基金实行现收现付制度；四是待遇标准，退休金依原工资等级和地区等级而定，达到退休年龄并缴纳 30 年以上养老保险费者可以领取老年和残疾保险津贴。

现代的德国社会保险法是以俾斯麦时期的社会立法为基础逐渐形成的。德国社会保险的发展过程中，有两大特征较为突出：一是立法整合，1911 年颁布的《帝国保险条例》（RVO）实现了先前法规的整合；二是立法先行，以失业保险为例，1927 年《就业介绍及失业保险法规》（AVAVG）正式通过并生效，立法的强制性和普遍性得到了很好的维护，避免失业保险在建立的过程中遭遇重大的制度调整。

第二次世界大战对德国的社会经济产生了重大的影响，战后，联邦德国的社会保险制度得到了恢复和重建。根据社会需要的调整，伴随德国社会保障体系的扩展、调整、改革与补充、东西部社保网络并轨等发展，社会保障立法也及时调整与完善。为强化社会保险制度的法律基础，1975 年，德国颁布了《社会法典》（SGB），该法典系统整合相关法规。该法典同样遵循因时而变、因势而变的原则，1995 年，增加了法定护理保险的设定。经过近百年的发展与完善，德国通过立法先行的成功模式建立起种类丰富、体系完备的社会保险制度。

以德国的成功尝试为经验，美国的社会保障立法充分发挥了自身优势，1935 年的《社会保障法案》已经覆盖美国社会保障各领域。

该法案的发展与改革主要体现在以下两个方面。

第一，制度覆盖面的不断扩大。1935 年，法案颁布之初，覆盖范围仅限于部分工商界蓝领工人及其家属的利益；1950 年，覆盖范围扩大到部分小店主、大部分州市公务职员、农场雇员、武装部队人员和教会人士。

第二，保障权益的提升。1939 年增加规定，如果劳动者死亡，其遗属可以领取社会安全金，劳动者退休后，其供养的家属也可领取社会保障金；1957 年增加残障保险利益金，当劳动者因完全残障而失去收入时，可获得保障；1965 年新增联邦社会保险，对 65 岁以上的老人给予医院保险和医疗保险；1972 年增加保险待遇自动调整机制，保障待遇随着生活费用的提高而自动增加；1973 年提高残障人士的待遇，对 65 岁以下连续领取伤残金两年以上的人，也给予 65 岁以上者同样的待遇。

（2）税收征缴的约束作用

社会保险的"税费之争"在我国一直是热点话题之一。结合瑞典、德国、美国的运行实践，我国采用税收征取的方式，具有强制性、普遍性、固定性的特点，在正规就业部门征缴方面具备以下两个方面的优势：一是税收统一征取，节约管理成本，提高工作效率；二是应收尽收，颗粒归仓，可以充分利用税务部门的信息管理系统，及时核查缴费记录，并通过税号与企业开户银行核对企业缴费到位情况。税收部门的权威性和强制手段有效保证了收缴率，对企业具有较强的约束效用。

非正规部门的灵活就业人员，其社会保险缴费问题要比以企业为单位征缴的情况复杂得多。美国采用个人所得税"综合所得税模式"，具备完善的个人征税系统数据库，能够掌握个人的征税信息，及时更新相关信息。

税务部门具备完善的征税系统及个人数据库，为社会保险缴费的及时性、准确性提供技术支持。

2. 激励机制

（1）适度的社会保险待遇

政府的社会保险待遇设计将对企业及员工参保产生很强的激励作用。

结合瑞典、德国、美国的实践，社会保险福利的给付包括老年、伤残和遗属养老金，健康医疗保险金，工伤保险金，失业保险金，其中养老保险和遗属养老金给付占很大比重。

根据福利体制的划分维度，瑞典、德国的缴费总开支水平高于美国；在卫生费用方面，三国的开支水平非常接近，差异主要体现在劳动力市场、家庭津贴、伤残津贴以及老龄津贴等方面；在基本养老金方面，瑞典、德国、美国的老龄津贴覆盖率达到100%（见表3-6）。

表3-6 部分国家老龄津贴覆盖情况

单位：%

| 国家 | 老龄津贴覆盖率 | | | |
|---|---|---|---|---|
| | 老年人口领取津贴的比例 | 年份 | 劳动人口中缴费者的比例 | 年份 |
| 瑞典 | 100.0 | 2014 | 67.5 | 2013 |
| 德国 | 100.0 | 2015 | 68.6 | 2015 |
| 美国 | 100.0 | 2015 | 78.5 | 2010 |
| 日本 | 100.0 | 2015 | 84.9 | 2010 |
| 韩国 | 77.6 | 2010 | 53.7 | 2009 |

数据来源：ILO，World Social Protection Report 2017-2019。

在瑞典，老年人在67岁领取全额国家基本养老金，63岁与70岁可以提前或推迟领取养老金，提前的话每月减少0.5%，推迟的话每月增加0.7%。

德国则是从退休开始支付养老保险金，退休年龄在2002年以前为63岁，从2003年起延后至65岁，男女退休年龄相同，支付标准根据收益原则计算，2003年后将替代率固定为原薪金收入的75%，能够领取退休金的最低缴费年限为5年，若要按标准领取全额养老金，则缴费年限最少要在35年以上。

在美国，职工62岁以后即可提前退休，但福利将会被永久性地扣减，仅获得部分养老金；如果职工62岁退休，那么，他的养老金比达到标准退休年龄后退休的低20%；达到标准退休年龄之后继续工作，将来的退休福利将根据出生年月的不同有一定比例的增加；达到标准退休年龄后退休可获得全额养老金。不同收入

65

层次的员工达到标准退休年龄时退休的福利给付替代率不同，工作期间收入越高，养老金替代率越低；工作期间收入越低，养老金替代率越高。

（2）附加保险金，兼顾家庭

社会保险待遇充分考虑家庭因素。

以瑞典为例，基本养老金还提供伤残养老金、遗属养老金、儿童年金以及向特殊需要者提供津贴。伤残养老金覆盖 16 岁到 67 岁的伤残者（16 岁以下获得儿童救济，超过 67 岁获得国家基本养老金津贴），伤残养老金标准根据劳动力丧失程度确定；遗属养老金覆盖结婚 5 年、36~50 岁的遗属；对父母死亡且未满 18 岁的儿童或未满 20 岁的学生给予儿童年金，标准为基础金额的一定比例；特殊津贴包括年龄超过 60 岁且婚龄 5 年以上的妻子津贴、16 岁以下的儿童津贴、针对盲人和需要帮助的残疾者的补贴以及住房补贴等。

以德国为例，法定医疗保险具有"一人投保，全家受益"的特点，当家庭中参加工作的人员参加医疗保险和护理保险，取得受保权益的子女和无收入或微收入的配偶也享受保险。20 世纪 70 年代以前，妇女参加工作的不多，因此不管有多少孩子，他们都同母亲一道享受医疗服务；现在妇女也参加工作，则要单独投保，孩子则随收入较高一方享受医疗服务。

## （四）中小企业发展的政策扶持

第二次世界大战以后，全世界范围内，中小企业占到企业总数的 99%。中小企业是美国、德国、瑞典等国经济的中流砥柱。因此，中小企业的良好发展，是社会保险制度运行良好的重要基础。这种良性、有序的发展态势是以政府的政策扶持为基础的，主要包括对中小企业的融资、税收、技术等外部政策的支持。

1. 立法保护自由竞争

与大型企业相比，中小企业在资源获得、产品定价等方面处于相对弱势，为了保证自由竞争，立法保护、促进中小企业发展是美国、德国、瑞典等国最基本、最重要的举措。

总体而言，美国、德国、瑞典先后颁布了《谢尔曼法》①《卡特尔法》，这些立法最为重要的精神是反垄断。为落实中小企业的经济自由权，三国均颁布了一系列相关法律，以提高政府工作效率。为切实保护中小企业的自由竞争，1999 年，瑞典工业部成立了一个专门职能部门——Simplex Team，该组织主要负责协调与中小企业相关的政府政策和措施的简化工作，一方面，对企业相关法规进行评估，分析政策是否给企业增加额外的费用负担或干扰自由竞争，按年度向国会汇报分析报告；另一方面，通过综合措施加强公务员培训，树立为企业服务的意识，并敦促各相关政府部门提出简化法规、提升服务手段的行动计划。

综合比较三国的具体政策，政府通过立法手段有效保护中小企业权益是促进中小企业发展的必由之路。因为通过颁布法令能够规范市场行为，放松政府的行政管制，给予中小企业比大型企业更为优惠的政策保护，从而为中小企业创造一个更为宽松的竞争环境，促使其能顺利度过成长周期的早期阶段，顺利生存下来。

2. 融资支持

美国、德国、瑞典均通过构建多样化的融资渠道，向中小企业提供有力的资金支持。实践证明，融资是中小企业发展壮大并保持良性竞争的基础。与大型企业相比，中小企业在获取创业资本、筹措资金方面的直接融资能力相对较弱，由于缺少抵押物担保，更难获得间接融资的支持。

美国小企业管理局（SBA）经国会授权，可以直接向中小企业提供各种优惠贷款，主要包括：一是直接贷款；二是协调贷款，协调地方发展公司、金融机构等为中小企业提供贷款；三是担保贷款，由地方金融机构向中小企业发放全额贷款，小企业管理局

---

① 谢尔曼法（Sherman Antitrust Act）是 1890 年美国国会制定的第一部反托拉斯法，也是美国历史上第一个授权联邦政府控制、干预经济的法案。

给予90%的贷款担保。美国小企业管理局的贷款利率普遍低于市场平均利率。

德国主要采用贷款贴息的方式提供融资支持，向中小企业提供的贷款往往低于市场的利率，贷款贴息率大约为2.5%，即当市场利率为9.5%~10%，中小企业向银行的贷款利率则相应优惠为7%~7.5%。

瑞典政府采用间接融资与风险担保相结合的模式提供融资支持。政府鼓励中小企业向银行等金融机构获取间接融资，为解决投资风险的逆向选择问题，国有融资机构承担融资担保责任，瑞典国有公司ALMI的风险基金和瑞典企业发展署（NUTEK）创业基金提供担保，允许贷款企业在投入运营并开始盈利之时起开始还贷。

3. 税收优惠

中小企业面临的市场竞争直接威胁其自身的生存，特别在成立之初，需要严控成本才能生存并发展。美国、德国、瑞典三国的税收优惠措施主要包括限制增税政策，减免所得税、增值税，在新建立时期及技术创新时期减免税收等。

美国的企业所得税采用累进税模式，实际税率为15%~35%，根据1997年纳税人税收减免法，美国小企业得到数以十亿美元的税收减免；从1981年至今，美国企业享受"研究与试验税收抵免制度"（Research and Experiment Tax Credit，简称R&E抵免制度），税收抵免没有限额，原则上实行非现金返还的抵免优惠制度。

德国于2000年通过减税税制改革法案，采用古典制公司所得税制，于2013年开始逐步统一法德两国的企业所得税，据估算，德国征收的企业所得税实际税率为29.8%。针对中小企业，颁布研发特别税收条款，规定因科研开发购买的设备或新建基础设施，可享受税收减免。

瑞典的企业所得税为28%，据统计，本土公司的实际税率仅10%，跨国公司为18%。Simplex Team按年跟踪税收相关法规，动态监测税收对中小企业的影响，并将结果提供给政府参考，以便其决策是否采取干预措施。

4. 创新扶持

为破除大型企业形成技术壁垒，美国、德国、瑞典构建了一套以资源配套、科研开发、技术支持为主的完善的创新扶持体系。

美国的创新扶持政策主要体现在两个方面：一是建立制造技术推广伙伴关系（MEP），主要由商务部国家标准与技术研究院（NIST）与州和地方政府发起建立，组成部分包括制造技术中心、制造技术扩散中心、州技术推广中心、联系计划和中小企业发展中心；二是技术推广，小企业管理局组织实施，免费向中小企业提供技术创新、进出口贸易、员工培训等咨询服务。

德国实施了中小企业创新核心计划（ZIM），该计划始于2008年，旨在支持中小企业开展或参与研发创新，鼓励企业与其他企业、科研机构开展研发合作，向中小企业提供创新咨询服务。据不完全统计，自实施以来，该计划资助了1.6万个项目，总经费投入逾20亿欧元。2009年，为应对金融危机造成的负面影响，德国颁布"第二次经济刺激计划"，提出2010年末前新增9亿欧元经费投入，将计划资助对象由250人以下的中小企业扩大到1000人以下的企业，旨在帮助中小企业渡过难关。

瑞典实施了"创新瑞典"战略和"地区增长计划"。"创新瑞典"战略鼓励企业和个人加强与教育体系的互动与合作，促使全社会形成一个创新的氛围；"地区增长计划"促进建立由政府、工商组织、高等院校组成的"地区伙伴关系"，旨在发挥优势，加速经济增长。

## （五）后金融危机时代的养老保险改革

金融危机后，OECD国家的失业率攀升，从2007年的不足6%上升至2010年的10%，这严重打击了老年工人。在经济衰退中，为缓解社会保险项目的财政问题，许多政府放松了提前退休及残障福利的管控。上述措施旨在保护失业老年人的收入以及限制失业率。然而，短期福利对中长期的劳动力市场将产生负面影响。在 20 世纪 80 年代经济衰退之后，经济恢复期内各国都将失业率控制得比较好，特别是长期失业。这些政策很难在短期内改变。

老龄人口的增加，引发了医疗保健、老年照顾以及养老金需求的增加，福利国家的开支也随之增长。除提高税率、降低公共服务标准、降低收入替代率之外，增加劳动时间也是必要措施。增加劳动时间带来税收的相应增加，能够为转移支付提供来源。

增加劳动时间的举措包括以下五个方面：一是鼓励非全日制工作向全日制工作转变；二是加快从教育体系向劳动力市场的转移，鼓励青年人结束在校学习后尽快参与劳动力市场；三是鼓励残障人士、避难移民正规就业；四是增加劳动力移民；五是提高退休年龄。

在增加老年人口就业时间方面，从表 3 - 7 可以看出，1994 年和 2007 年，除冰岛、瑞士、日本等劳动参与率已经非常高的国家外，55～64 岁人口的劳动参与率均有提升，女性劳动参与率提升较男性更为显著。奥地利、法国等部分 OECD 国家 55～64 岁人口的劳动参与率仍有提升空间。

表 3 - 7　部分 OECD 国家人口劳动参与率概况

单位：%

| 国家 | 男性 | | 女性 | |
|---|---|---|---|---|
| | 1994 年 | 2007 年 | 1994 年 | 2007 年 |
| 丹麦 | 63.8 | 66.9 | 43.1 | 55.7 |
| 芬兰 | 43.9 | 59.2 | 38.9 | 58.3 |
| 冰岛 | 95.9 | 90.4 | 80.5 | 80.7 |
| 挪威 | 71.5 | 74.7 | 55.4 | 64.6 |
| 瑞典 | 70.5 | 76.4 | 62.6 | 69.6 |
| 奥地利 | 41.3 | 51.3 | 18.4 | 28.9 |
| 法国 | 42.1 | 42.6 | 30.1 | 38.0 |
| 德国 | 53.1 | 66.5 | 28.3 | 49.8 |

续表

| 国家 | 男性 | | 女性 | |
|------|------|------|------|------|
| | 1994 年 | 2007 年 | 1994 年 | 2007 年 |
| 荷兰 | 41.8 | 63.3 | 18.5 | 41.1 |
| 瑞士 | 82.9 | 78.4 | 47.2 | 60.3 |
| 英国 | 64.0 | 68.9 | 40.7 | 50.1 |
| 美国 | 65.5 | 69.6 | 48.9 | 58.3 |
| 加拿大 | 59.5 | 67.1 | 36.9 | 53.3 |
| 日本 | 85.0 | 84.9 | 48.1 | 52.5 |

数据来源：ILO，World Social Security Report 2010/11。

## 二　行业竞争者

在竞争与合作的关系中，同行业的企业时时刻刻影响着企业的经营决策。Davis（1960）提出"社会影响力"（Social Power）理论，他指出企业并不是在完全竞争的市场环境中运作，它们能够通过对社会的影响力来影响市场均衡。社会责任本身也是形成社会影响力的一种途径，企业承担社会责任即是要实现与社会其他组织和个人在社会影响力的平衡。那些只图眼前利益不顾社会责任的企业，其社会影响力从长远看也会受到侵蚀。

### （一）竞争者态势

本书选取中小企业生命周期的视角，分析中小企业在不同阶段的竞争态势。美国管理学家 Ichak Adizes（1973）在其著作中提出了企业生命周期模型，形象地描述了企业整个生命周期的形态变化。他根据企业所具有的灵活性和可控性，把企业生命周期分为成长和老化两个阶段，并根据风险偏好、期望值、资金、责权、主导部门、目标导向等因素把这两个阶段细分为孕育期、婴儿期、学步期、青春期、盛年期、稳定期和贵族期、官僚化早期、官僚期、死亡期，每个阶段的特点都非常鲜明。

根据上述理论，企业的竞争很大程度上取决于内生变量和自身应对外部市场的策略及其有效性。企业组织体系随着生命周期的不断演变，将会展现出可以被预测的行为模式，特别是同行业的企业在决策和行动中会呈现较高的趋同性。例如，在企业面临转折时，企业将面临阵痛。面对困境，如果企业采取积极措施来克服困难，促成转型，那么就可以顺利度过过渡期；反之，如果企业只是墨守成规，那么问题将接踵而来，阻碍企业的发展。

美国、德国、瑞典的实践表明，政策支持能够有效提升竞争者态势。通过税收优惠、融资支持、创新扶持等政策，中小企业可以构建良好的发展环境，促使其顺利度过生存考验期，从而为履行社会责任积累基本实力。以瑞典为例，20世纪90年代初以来对新成立企业的调查显示，新成立企业3年后还能够稳定发展的企业比率为55%~60%（中华人民共和国驻瑞典王国大使馆驻济商务处，2005）。

## （二）企业社会责任

欧盟2001年公布了《推广欧洲企业社会责任模式——绿皮书》，标志着近年来国际社会对企业社会责任范围达成共识。该文指出，企业社会责任包括两个维度：（1）内部维度，包括人力资源管理、工作中的健康和安全、适应变革、管理环境的影响与自然资源；（2）外部维度，包括当地社区、商业伙伴、供应商和消费者、全球化环境。

为了检验上述理论的实践情况，世界著名的非政府组织和跨国公司开发了重要的企业社会责任的测量工具（卜长莉，2012）。根据其侧重的企业社会责任范畴大致分为四类：鼓励性的原则和实践原则、管理系统与认证方案、评估指数、计量与报告模式（见表3-8）。部分测量工具在企业社会责任实践中具有积极的作用。

表 3 - 8  社会责任指数

| 量具 | 问题 | | | | |
|---|---|---|---|---|---|
| | 财务 | 经济发展 | 员工关系 | 社区投资 | 员工多元化 |
| 鼓励性的原则与实践原则 | | | | | |
| UN GC | √ | √√ | √√√ | √√ | √√ |
| Amnesty | | √ | √√ | | |
| ETI | | √ | √√ | | |
| sullivan | | √ | √ | | |
| OECD | √√ | √ | | | |
| ECCR/ICCR | | | √ | √ | |
| 管理系统与认证方案 | | | | | |
| SA8000 | | | √√√ | | |
| 评估指数 | | | | | |
| DJGSI | √ | | √ | √ | |
| FTSE4Good | √ | | √ | √ | |
| ASPI | √ | | √ | √ | |
| 计量与报告模式 | | | | | |
| GRI | √√ | √√√ | √√√ | √√√ | √√√ |
| AA1000S | | √√ | √√√ | √√√ | √√√ |

注:"√"说明各量具对不同类型企业社会责任问题的涉及程度;其中"√√√"代表广泛涉及,"√√"代表部分涉及,"√"代表很少涉及。空白栏说明该量具不涉及此类内容。

实践表明,企业社会责任表现对于企业及其利益相关者来说是双赢性的,企业社会责任创新了战略性的管理方式,是能够帮助企业实现可持续发展的一种投资。首先,社会责任表现可以帮助企业吸引人才,建立理想的员工队伍。其次,企业的形象识别系统设计和人力资源管理充分表现出企业社会责任水平,成为品牌建立的必要条件。再次,企业社会责任将产生直接的经济价值,"企业社会责任营销法"是有效的营销手段,可以为企业带来发展机遇和发展空间。最后,企业社会责任披露非常重要。当企业对外披露社会责任活动信息时，企业的品牌形象将进一步提升，乃至产品销量都将大幅提升；即使企业只是针对内部管理责任状况的披露，也将提高公众对企业的认可，为企业带来积极的正面宣传效应。

企业的信用与道德行为也很重要，要让企业看到良好的商业道德所能带来的回报。一项研究成果揭示了企业的财务状况与其道德承诺之间的密切关系。研究者收集了被《商业周刊》（*Business Week*）确认的美国 500 家最大企业 1996 年的年度报告，然后，研究者又对这些企业有关以道德为承诺的言论进行了细致分析。研究者使用各种不同的测算标准（如销售增长量和利润增长量）对这 500 家企业的财务业绩进行了比较。研究结果让人们大为惊讶，平均来说，那些表述过类似道德承诺的企业比没有表述过道德承诺的企业财务业绩更为出色。换言之，企业的经营越是从道德取向出发，在经济上就越容易取得成功。[①] 这说明，以对社会负责的方式经营的企业得到了公众的支持，而公众的支持促使公众广泛地融入企业的业务活动中，以此来回报企业的社会责任。

## （三）社会投入与企业盈利

在发达经济体中，企业在社会保险方面的投入得到了人力资本方面的回报。保护劳动者，能够更好地促进国内消费需求的增长和生活水平的提高，从而为企业发展提供更为良好的经济环境。

以养老金为例，养老金保证一种固定的长期薪酬安排。在这一共识下，雇员获得终身养老金待遇的权益，当雇员满足某种资格标准后，养老金待遇通常从退休时开始支付，持续到雇员身故。养老金规则通常在公司的书面养老金计划书中有明确的规定，确定雇员及公司的权益，并说明该项权益的未来发展。

---

① 转引自〔美〕杰拉尔德·格林伯格、罗伯特·A. 巴伦：《组织行为学》（第七版），江苏教育出版社，2005 年，第 35～36 页。

养老金计划通常有两种形式，即 DB 计划和 DC 计划。养老金财富值，即预计养老金承诺的现值，是最实质性的。

养老金研究提出一些关于公司供款制养老金计划的行为解释。这些解释重点关注两个问题：一是员工为何选择养老金，二是雇主为何提供养老金。表 3-9 归纳了员工与公司对养老金的需求以及供求影响。

表 3-9　员工与公司对养老金的需求以及供求影响

| | |
|---|---|
| 员工方对<br>养老金的动机 | 符合税收要求的退休储蓄<br>保险动机<br>规模效益<br>联盟偏好 |
| 公司方对<br>养老金的动机 | 调控工作投入<br>调节营业额<br>调控退休<br>调控员工质量 |
| 供求影响的结果 | 养老金相关结果：覆盖率、计划类型、计划特质、权责发生制的形式与价值<br>退休<br>其他雇佣相关的结果：员工数量及流动率、员工质量及投入<br>薪酬相关的结果 |

美国的员工选择养老金计划的原因在于他们支付得起符合税收要求且非常便捷的退休储蓄。此外，养老金计划可以提供投资及信息记录的规模效益，这使员工加入养老金计划比自我储蓄的费用更低。养老金计划还有一大特色，它提供的退休保险是个人投资者无法直接购买的，这些保险通常覆盖残疾保险以及一些通胀保值工具。一些养老金计划还提供代际风险共担机制，在不同的员工群体之间分散养老金投资低收益的风险。

在许多情况下，供款的公司就像经济状况良好的金融媒介，他们推出养老金计划以满足员工的选择，却不能从中获得任何回报。尽管如此，在其他情况下，雇主可以通过提供养老金计划获益良多。总而言之，所有关于雇主提供养老金计划动机的假设都基于一个概念，即公司将养老金作为一种人力资源工具。养老金，作为吸引员工的手段，具备以下特质：引导更高的工作投入、达成理想的周转模式，以及特定年龄退休的提示信号。

# 三　员工

## （一）行业工会对社会保险制度的利益诉求

瑞典作为社会民主主义模式的代表国家，其政治体制的一个重要特点是劳资集体协商制度。随着瑞典工业化的发展，瑞典雇员建立了代表雇员利益的全国性工会组织——"瑞典工会联合会"，而雇主建立了"雇主联合会"，二者共同建立了劳资之间相互协助和集体协议的劳资集体协议制度。在瑞典一党优势、多党共存的政治格局下，瑞典雇员与雇主之间达成了利益妥协，实现了不同政党、阶级和阶层共存合作的社团主义政治。瑞典独特的社团主义政治使社会民主党长期奉行和平、渐进的改良主义政策。

德国社会保障制度的管理实行自治管理，在各类承办社会保险机构中，分别设置代表大会和董事会，对财政预算与人事安排进行决策。具体组织模式是由投保人和雇主选举产生代表大会，再由代表大会选举产生董事会成员。所有社会保险机构均由来自雇员、雇主和公共团体的代表组成，对社会保障的管理享有较高的自治权。这种社会自治管理有力保障了组织管理的灵活性，可以针对社会福利的需要和变化适时地做出灵活反应。这种自治管理实质上促成劳资双方形成稳定的"社会伙伴关系"，有效规避政府直接参与社会保障事务引发的政策不稳定情况，使"社会公正"和"社会安全"得以充分体现。

在发达经济体中，企业在社会保险方面的投入得到了人力资本方面的回报。针对劳动者而言，完善的社会保障体系及其包含的就业刺激政策，有利于提高受教育水平，提高生产转型和经济发展所需要的各项技能，从而极大地提高平均劳动生产率；针对消费领域而言，完善的社会保障体系，使劳动者及其家庭能够减少预防性储蓄，增加子女的教育投入。

## （二）资本与劳动分配

国际劳工组织（ILO）在《2012/2013 全球工资报告》指出，全球经济危机对世界许多劳动力市场造成了负面影响，复苏的进程和成果还难以确定。在全球层面，平均工资出现增长，但是增长率低于危机前水平。

1. 资本与劳动份额的分配差距日益增大

该报告表明，自 1980 年代以来，大多数国家"劳动份额"出现下滑，意味着国民收入中较多的份额流向了资本，只有较低比例流向劳动薪酬。劳动份额的下降在不同教育程度和技能水平的劳动者之间是不均衡的。针对发达国家的研究表明，如果按不同类型劳动者去分解全部劳动薪酬，就能够发现近期这种下降的趋势是中低技能劳动者的工资份额下降造成的。OECD 组织发现在有数据的 13 个国家中，受教育水平低的群体的平均工资份额下降了（OECD，2012）。这种情况发生的背景是工作岗位不断分化，低技能和高技能的岗位数量不断增加，而中等技能的岗位数量越来越少。尽管原则上认为低技能岗位的增加有助于提高低技能劳动者的工资，但是实际上这些劳动者已经越来越多地被具有中等教育水平、资历超过这些岗位需要的工人所替代。

劳动份额的下降不仅影响了人们对公平这一问题的看法，也不利于家庭消费的增长，进而导致总需求不足。一些国家通过增加净出口来弥补总需求不足的问题，但并非所有国家都可以在同一时期内实现经常账户盈余。因此，承受经常账户赤字危机的国家经常会被建议采取削减劳动成本的策略，而这一策略在压制内需方面带来的风险可能更甚于刺激出口增长方面带来的效果。如果众多国家同时竞相削减工资，将出现劳动份额的"逐底竞赛"和总需求的萎缩。

2. 劳动生产率增长超过工资增长

由于包括美国、德国和日本在内的大多数经济体都存在工资增长滞后于生产率增长的现象，该报告认为发达经济体的整体平均劳动生产率增长已经超过了实际平均工资的增长。根据 36 个国家的工资数据，据估计，1999～2011 年，发达经济体平均劳动生产率的增长是平均工资增长的两倍多。在美国，非农领域的实际小时劳动生产率自 1980 年以来增长了 85%，而实际小时劳动薪酬只增长了 35%；在德国，劳动生产率在过去的二十年里提高了近四分之一，月实际工资却维持不变。劳动份额的降低主要是技术进步、贸易全球化、金融市场扩张以及工会入会率下降等因素对劳动者谈判能力的破坏所导致的。其中，金融全球化产生的影响可能高于先前的判断。

从社会和政治层面来看，这种趋势可能会产生一种感觉，就是劳动者及其家庭没有从他们创造的财富当中分到应得的份额。从经济层面来看，以工资为主的家庭消费受到束缚，这可能危及未来经济增长的脚步和持续发展，尤其是以债务为基础的消费致使家庭在接下来的时期内不得不还清早先的债务。

3. 技术、全球化及劳动力市场制度

研究表明，劳动份额的变化是就业从劳动密集型产业转向资本密集型产业的综合作用的结果，而资本密集型产业的劳动份额更低。分析表明，产业构成的变化的确是一个影响因素，但更多的劳动份额下降是行业内部劳动份额下降造成的（ILO，2010a）。金融中介行业、高中端技术制造行业都出现大幅的下降，而其他服务领域、建筑业和低技术制造业的下降却不明显。

分析表明，应当在国家层面和全球层面采取政策措施，努力实现"再均衡"。仅通过劳动力市场政策来达到收入分配的目标是不现实的，还需要许多劳动力市场之外的改革措施来配合实现分配的调整，包括改革和修复金融市场，恢复其引导资金进行生产性和可持续性投资的作用。关于"再均衡"，还有其他一些重要措施值得更进一步的分析，如资本课税和劳动收入课税之间的平衡等。

### （三）金融危机对养老保险权益的影响

年龄是区分危机影响程度差异的最关键因素。

（1）青年人。大多数青年人受此次危机的影响较小，因为他们的养老金资产规模还很小。在美国，根据员工福利机构（Employee Benefis Research Institute，简称 EBRI）公布的数据，25～34岁人口的私人养老金资产在 2008 年增长 5%。这是由于新增缴费基本覆盖投资损失。尽管他们在劳动力市场上受到经济危机的影响，但他们有 30 年乃至更长的时间弥补损失。

（2）退休者。总体而言，退休者不受影响。经济危机对劳动力市场的影响与他们无关。私人养老金计划的损失对他们影响也不大，因为计划条款及年金提供者对待遇支付的承诺没有变化。然而，有两种例外情况。

一是 DC 计划下的退休人口。DC 计划的待遇来源是缴费及投资收益。问题在于退休者如何使用这笔钱。一些退休者免受危机影响，因为他们在退休时买入生命年金，锁定了投资收益。但许多退休者没有这样做，特别是在澳大利亚和美国，其投资组合中包含大量的股票，损失就相当严重。类似地，拥有资产的退休者，特别是房产，在养老金计划之外的损失也非常惨重。

二是在退休待遇与养老金计划财政自动关联的国家，退休者的损失比较大。

（3）临近退休者。临近退休者受经济危机的影响最大。首先，在经济危机中，他们的失业率最高，且可能陷入长期失业的困境。失业或提早退休造成缴费期不完整，临近退休者很可能丧失老龄收入。这一年龄段的人们也没有足够的时间等待经济恢复以及投资损失下降，推迟退休也只能弥补一些他们的损失。

金融危机对养老金资产的影响与投资密切相关。一些临近退休者将养老金资产转移至风险更低的投资品种上，但大多数人并没有这样做。以美国为例，根据员工福利机构（EBRI）公布的数据，在55~65岁员工中有45%的人持有70%的权益类投资资产，在55岁以下员工中有50%的人持有此类投资组合。在澳大利亚，员工中有60%持有默认投资选择的私人养老金，权益类投资资产占比超过60%。

金融危机对DC计划产生直接影响。在冰岛、荷兰以及瑞士，私人养老金都是DB计划，养老金资产与个人收入以及参保年限密切相关。在加拿大、爱尔兰、瑞典、英国和美国，私人养老金计划通常也是DB计划。尽管这些国家开始向DC计划转移，但大多数人仍在DB计划中。

理论上，DB计划的待遇与养老金投资收益并不相关，但是投资亏损对基金本身的影响过大。在爱尔兰、英国和美国，DB计划的偿债比率从110%~120%下降至75%。比利时、芬兰以及瑞士的比率也急剧下降，但仍在100%之上。

在荷兰，DB计划缩减为待遇调整型，这将影响退休者的待遇以及员工的养老金积累权益。在其他地区，DB计划逐渐开始向DC计划转移。例如，英国和美国的一些计划，封闭并限制了已有员工的收益。同样地，一些DC计划的雇主目前暂停了企业缴费。

金融危机对DB型职业年金计划的影响较大。在冰岛、英国和美国，计划的偿债比率从100%下降到75%。比利时、芬兰、荷兰和瑞士的DB型职业年金计划的财务状况也在恶化。通常的应对措施是延长"恢复期"，帮助DB计划恢复偿付能力。加拿大、芬兰、爱尔兰、荷兰和挪威等都暂停了一些偿付要求，帮助资产净值的恢复。

由于DB计划的偿付风险更大，除芬兰、瑞士、挪威仍然保持全部养老金计划均为DB计划外，部分OECD国家逐渐加大了DC计划的份额。综合比较OECD提供的2001年与2011年的数据，加拿大 DC 计划占比提高 0.5 个百分点，丹麦 DC 计划占比提高 4.7 个百分点，新西兰 DC 计划占比提高 5.8 个百分点，葡萄牙 DC 计划占比提高 6.1 个百分点，美国 DC 计划占比提高 6.7 个百分点，意大利 DC 计划占比提高 20.8 个百分点。

# 四　小结

瑞典、德国、美国社会保险运行的良好状态，可以从企业和政府、行业竞争者、员工三大利益相关者群体的良性互动中找到有力的佐证。

在与政府互动方面，政府拥有立法、执法的权力，占据互动的有利地位。三国的政府均立法保证社会保险的法律地位，通过税收等手段确保社会保险缴费义务的严格履行，通过立法形式调整完善社会保险待遇以保障参保者权益，在金融危机等特殊历史时刻颁布政策对社会保险进行有效激励。上述举措，一方面有效约束企业必须参加社会保险的遵从行为，另一方面激励企业与政府共同负担员工的社会保险。

企业在社会保险方面的投入，会获得员工的人力资本回报。企业对劳动者的保护，免除了劳动者的后顾之忧，将提升其当期支出，从而促进国内消费需求的增长，提升全社会的平均生活水平，反过来改善企业发展的经济环境。在许多情况下，养老金作为薪酬福利的一部分，既能发挥留住员工的激励作用，又能引导员工工作投入与退休的决策。

针对劳动者而言，完善的社会保障体系及其包含的就业刺激政策对员工具有工作调节与家庭协调的双相作用：在工作方面，包含社会保险在内的薪酬具有指导效应，引导工作投入，提升劳动技能与劳动效率；在家庭方面，养老保险能够平滑全生命周期的收入，为生活消费与子女教育提供更充沛的资金。

瑞典、德国、美国的实践证明，在多因素影响企业参保行为的前提下，政府首先要做的就是完善企业依法参保的环境，调动企业依法参保的积极性。

一般而言，从企业参保行为管理的角度来看，政府与企业之间的信息不对称表现为两个方面：一是政府无法判断企业是否真实申报纳税，二是企业无法对政府的征税依据以及税款使用的合理性做出正确判断。

针对第一个方面，上述国家主要依靠提升信息水平以实现信息对称。美国近30年来依靠计算机和网络的迅速普及，特别是大型数据库的应用，促使信息化水平迅速提高，带动了信息的透明度和流动性的增强，政府对企业的真实纳税情况有了明确而详细的掌握，杜绝了监管漏洞，确保按时足额征缴。

针对第二个方面，上述国家通过立法形式调整完善社会保险待遇以保障参保者权益，并增加社会公共服务。此外，在金融危机等特殊历史时期制定应急政策以对社会保险进行有效激励，从而增强了公众对政府行为的认可度。

上述的研究对我国的社会保险管理与实践有着借鉴意义，很值得深入学习与探讨。

# 第四章　养老保险发展现状及中小企业调研分析

## 一　养老保险参保情况分析

### （一）养老保险政策

根据表4-1数据，2016年末全国城镇就业人数为4.14亿人，年末参加基本养老保险人数3.79亿人，其中在职职工2.78亿，离退休职工1.01亿。从2002年开始，我国城镇职工养老保险的参保率逐年提升，从2002年的58.57%上升至2016年的91.56%。自20世纪90年代中期以来，在经济转型的大潮中，养老保险制度充分借助资源、财力上的优势，扩大了制度覆盖面，维护了经济转型中的社会安定。

表4-1　近年来全国城镇养老保险参保率（2000～2016年）

单位：万人，%

| 年份 | 城镇就业人数 | 年末参加基本养老保险人数 | | | 未参加基本养老保险人数 | 参保率 | 未参保率 |
| --- | --- | --- | --- | --- | --- | --- | --- |
| | | 合计 | 职工 | 离退休 | | | |
| 2000 | 23151 | 13617.40 | 10447.50 | 3169.93 | 9533.60 | 58.82 | 41.18 |
| 2001 | 24123 | 14182.52 | 10801.89 | 3380.64 | 9940.48 | 58.79 | 41.21 |
| 2002 | 25159 | 14736.60 | 11128.82 | 3607.75 | 10422.40 | 58.57 | 41.43 |
| 2003 | 26230 | 15506.70 | 11646.49 | 3860.17 | 10723.30 | 59.12 | 40.88 |

| 年份 | 城镇就业人数 | 年末参加基本养老保险人数 | | | 未参加基本养老保险人数 | 参保率 | 未参保率 |
|---|---|---|---|---|---|---|---|
| | | 合计 | 职工 | 离退休 | | | |
| 2004 | 27293 | 16352.93 | 12250.32 | 4102.61 | 10940.07 | 59.92 | 40.08 |
| 2005 | 28389 | 17487.90 | 13120.41 | 4367.46 | 10901.10 | 61.60 | 38.40 |
| 2006 | 29630 | 18766.30 | 14130.94 | 4635.43 | 10863.70 | 63.34 | 36.66 |
| 2007 | 30953 | 20136.91 | 15183.20 | 4953.70 | 10816.09 | 65.06 | 34.94 |
| 2008 | 32103 | 21891.10 | 16587.54 | 5303.56 | 10211.90 | 68.19 | 31.81 |
| 2009 | 33322 | 23549.89 | 17743.03 | 5806.86 | 9772.11 | 70.67 | 29.33 |
| 2010 | 34687 | 25707.30 | 19402.34 | 6304.96 | 8979.70 | 74.11 | 25.89 |
| 2011 | 35914 | 28391.27 | 21565.05 | 6826.22 | 7522.73 | 79.05 | 20.95 |
| 2012 | 37102 | 30426.80 | 22981.12 | 7445.68 | 6675.20 | 82.01 | 17.99 |
| 2013 | 38240 | 32218.38 | 24177.33 | 8041.05 | 6021.62 | 84.25 | 15.75 |
| 2014 | 39310 | 34124.12 | 25530.99 | 8593.39 | 5185.62 | 86.81 | 13.19 |
| 2015 | 40410 | 35361.17 | 26219.24 | 9141.93 | 5048.83 | 87.51 | 12.49 |
| 2016 | 41428 | 37929.71 | 27826.28 | 10103.43 | 3498.29 | 91.56 | 8.44 |

数据来源：根据《中国统计年鉴2017》和《中国劳动统计年鉴2017》中的数据整理。

计划经济时期，城镇职工的劳保制度形成企业办社会的格局，不同企业的养老负担畸轻畸重。改革开放之后，多种所有制经济主体逐渐活跃，国有企业面临激烈的市场竞争，若拖着退休职工的负担，无法在市场竞争中获得优势，国有企业与其他所有制企业之间的养老负担失衡的矛盾逐渐显露出来。在这一背景下，多种所有制经济统一的养老金统筹改革正式开始。

（1）20世纪80年代中期开始的养老保险社会统筹改革

随着国有企业背负的退休人员养老金负担日益加重，维持正常经营的资金受到了挤占，危及国有企业的生存发展。为配套市场经济体制改革，有关部门选取部分市、县开展养老保险费用的社会统筹试点。首先，按照"以支定收、略有结余、留有部分积累"的原则，确定国有企业的养老保险费提取比例，再由统一的部门负责征收及发放，均衡各个企业的负担。后来，改革范围逐步拓展到其他所有制企业，外资企业与私营企业大多刚刚成立，员工年轻，征缴多领取少，试点地区国有企业的养老负担得到缓解。

（2）自1993年以来"社会统筹与个人账户相结合"体制的推广

伴随时间的推移，国有企业的离退休人员数量逐年增多，为实现收支平衡，企业需要缴纳的养老保险费日渐攀升，单独由企业承担养老保险费的筹集已不能适应现实需要，迫切要求制度考虑多方筹资机制，除了国家、企业以外，职工个人也应该参与缴费。

1993年，中共十四届三中全会发布的《中共中央关于建立社会主义市场经济体制若干问题的决定》中明确提出："城镇职工养老和医疗保险金由单位和个人共同负担，实行社会统筹和个人账户相结合。"该文件明确指出了社会养老保险制度的改革方向，即基本养老保险基金的筹集由国家、单位和个人共同负担，基本养老保险基金实行社会互济以及退休人员的养老金待遇来源于社会统筹基金和个人账户积累两部分。

1995年3月，国务院发布了《国务院关于深化企业职工养老保险制改革的通知》，开始在全国范围内推行"统账结合"的养老保险体制改革。由于不同部门之间在一些问题上存在意见分歧，该文件附录了两套不同的具体操作方案，并允许各地政府自由选择，也可对选定方案进行适当调整。

1997年7月，在总结改革经验的基础上，国务院发布了《国务院关于建立统一的企业职工基本养老保险制度的决定》，提出建立统一的城镇职工养老保险制度，已经实行的两套方案向新的"统账结合"方案过渡。

1998年4月，北京市人民政府发布《北京市企业城镇劳动者养老保险规定》，积极响应"统账结合"的过渡方案，对国务院的规定进行转发。

2000 年 12 月，国务院印发《关于完善城镇社会保障体系的试点方案》，调整和完善城镇企业职工基本养老保险制度，进一步明确以下内容。一是企业依法缴纳基本养老保险费，缴费比例一般为企业工资总额的 20% 左右，企业缴费部分不再划入个人账户，全部纳入社会统筹基金，实现省际调剂；二是职工依法缴纳基本养老保险费，缴费比例为本人缴费工资的 8%，并全部计入个人账户，社会保险经办部门定期公布个人账户的积存情况，而且个人账户基金的领取条件限定为员工个人退休或死亡，个人账户可以随工作关系进行转移。2001 年 9 月，原劳社部印发《关于职工在机关事业单位与企业之间流动时社会保险关系处理意见的通知》，规定职工在机关事业单位和企业单位之间流动，要相应转移各项社会保险关系，并执行调入单位的社会保险制度，特别针对职工由机关事业单位进入企业工作之月起，参加企业职工的基本养老保险，单位和个人按规定缴纳基本养老保险费，建立基本养老保险个人账户，原有的工作年限视同缴费年限，退休时按企业的规定计发基本养老金；同时根据本人在机关事业单位工作的年限给予一次性补贴，由其原所在单位通过当地社会保险经办机构转入本人的基本养老保险个人账户，所需资金由同级财政安排。

1999 年至 2003 年，现行养老保险制度日益趋于成熟，这表现以下两个方面。第一，"收支两条线"的制度设计发挥出良好的效应。在 2001 年实行了养老保险基金从企业全额缴拨的同时，百分百地实现了退休人员基本养老金的社会化发放。第二，养老保险范围不断扩大。2001 年，中央及市属科研院所等转制单位纳入了企业养老保险体系，完善了外来务工人员养老保险政策和存档人员的参加养老保险的办法；2002 年，对机关事业单位转制或流动到企业及中断缴费人员出台了衔接办法。

2005 年 12 月，国务院颁布《国务院关于完善企业职工基本养老保险制度的决定》，在充分调查研究和总结东北三省完善城镇社会保障体系试点经验的基础上，一是明确改革基本养老金计发方法；二是建立基本养老金正常调节机制；三是加快提高统筹层次，实现省级统筹，为构建全国统一的劳动力市场和促进人员合理流动创造条件；四是鼓励发展企业年金。

（3）2006年，各地政府发布实施基本养老保险规定后的深化改革

为落实中央的相关政策，以北京市为例，2006年12月，北京市政府发布了《北京市基本养老保险规定》，在基本养老保险基金管理、个人账户设置、保险待遇计发等方面做了原则性规定。2007年，原北京市劳动与社会保障局先后发布了三则具体办法和通知，对养老金待遇计发的具体方法进行明确规定，并明确被保险人包括：在国家规定的劳动年龄内，本市及外埠非农业户籍的城镇职工；具有本市非农业户籍，依法经核准登记的个体工商户和以非全日制、临时性、弹性工作等形式灵活就业的人员。通知规定了从机关事业单位转为企业的工作人员，从机关事业单位调入企业或参保单位工作或到市、区、县职介中心、人才中心及市劳动保障行政部门委托办理社会保险的人才机构存档的人员，从军队转业、复员、退伍到企业或参保单位工作的人员的基本养老保险接续办法。上述文件共同构成了北京地区基本养老保险的法律框架，为保障各类别职工的合法养老保险权益奠定了法制基础。

（4）2010年《中华人民共和国社会保险法》出台

2010年10月，全国人大常委会通过并颁布了《中华人民共和国社会保险法》，进一步明确了基本养老保险制度，主要包括以下几个方面：一是职工应当参加基本养老保险，由用人单位和职工共同缴纳基本养老保险费；二是基本养老保险实行社会统筹与个人账户相结合；三是用人单位应当按照国家规定的本单位职工工资总额的比例缴纳基本养老保险费，记入基本养老保险统筹基金；职工应当按照国家规定的本人工资的比例缴纳基本养老保险费，记入个人账户；四是国有企业、事业单位职工参加基本养老保险前，视同缴费年限期间应当缴纳的基本养老保险费由政府承担；

五是个人账户不得提前支取,记账利率不得低于银行定期存款利率,免征利息税;六是个人死亡的,个人账户余额可以继承;七是基本养老金由统筹养老金和个人账户养老金组成;八是基本养老金根据个人累计缴费年限、缴费工资、当地职工平均工资、个人账户金额、城镇人口平均预期寿命等因素确定。

(5)2015 年《关于机关事业单位工作人员养老保险制度改革的决定》发布

2015 年 1 月 14 日,中华人民共和国国务院发布的《国务院关于机关事业单位工作人员养老保险制度改革的决定》规定,基本养老保险费由单位和个人共同负担。单位缴纳基本养老保险费(以下简称"单位缴费")的比例为本单位工资总额的 20%,个人缴纳基本养老保险费(以下简称"个人缴费")的比例为本人缴费工资的 8%,由单位代扣。按本人缴费工资 8% 的数额建立基本养老保险个人账户,全部由个人缴费形成。个人工资超过当地上年度在岗职工平均工资 300% 以上的部分,不计入个人缴费工资基数;低于当地上年度在岗职工平均工资 60% 的,按当地在岗职工平均工资的 60% 计算个人缴费工资基数。该文件要求个人账户储存额只用于工作人员养老,不得提前支取,每年按照国家统一公布的记账利率计算利息,免征利息税。参保人员死亡的,个人账户余额可以依法继承。

从现状看,养老保险制度的改革基本上达到了原先设定的目标,覆盖面逐渐扩大,资金筹措顺利,制度运作稳定。

根据上述分析,我国社会保险的发展是密切配合计划经济向市场经济转变过程中的企业需求的。各个社会保险项目均在 20 世纪 80 年代开始试点,在 1997 年之后出台标志性的制度规定。由于国务院决定、实施办法的约束力度较强,养老保险整体参保情况逐年改善,为广大职工提供有力的保护。北京市政府在国家法规的引领下,对国务院办法的转发执行力度较强,使城镇职工的社会保险权益得到了法律的有效保护。

表 4 - 2　政策概览

| 类别 | 年份 | 文件名称 |
|---|---|---|
| 综合性法规 | 2010 | 《中华人民共和国社会保险法》 |
| 养老保险（中央） | 1983 | 《劳动人事部关于建国前参加工作的老工人退休待遇的通知》（劳人险〔1983〕3 号） |
| | 1995 | 《国务院关于深化企业职工养老保险制度改革的通知》（国发〔1995〕6 号） |
| | 1997 | 《国务院关于建立统一的企业职工基本养老保险制度的决定》（国发〔1997〕26 号） |
| | 2000 | 《国务院关于印发完善城镇社会保障体系试点方案的通知》（国发〔2000〕42 号） |
| | 2000 | 《关于进一步解决部分原工商业者生活困难问题的通知》（劳社部发〔2002〕9 号） |
| | 2003 | 《中共中央办公厅　国务院办公厅转发人事部等部门〈关于进一步贯彻落实人发〔2002〕82 号文件精神，切实解决部分企业军转干部生活困难问题的意见〉的通知》（中办发〔2003〕29 号） |
| | 2015 | 《国务院关于机关事业单位工作人员养老保险制度改革的决定》（国发〔2015〕2 号） |
| | 2016 | 《人力资源社会保障部　财政部关于阶段性降低社会保险费率的通知》（人社部发〔2016〕36 号） |
| | 2018 | 《人力资源社会保障部　财政部关于继续阶段性降低社会保险费率的通知》（人社部发〔2018〕25 号） |
| 养老保险（分地区） | 2001 | 《关于完善本市城镇社会保障体系的意见》 |
| | 2002 | 《北京市自收自支事业单位基本养老保险制度改革暂行办法》 |
| | 2006 | 《北京市基本养老保险规定》 |
| | 2007 | 《关于贯彻实施〈北京市基本养老保险规定〉有关问题的具体办法》（京劳社养发〔2007〕21 号） |
| | 2007 | 《关于贯彻实施〈北京市基本养老保险规定〉有关问题的通知》（京劳社养发〔2007〕29 号） |
| | 2007 | 《关于实施〈北京市基本养老保险规定〉过程中若干问题处理办法的通知》（京劳社养发〔2007〕31 号） |

## （二）社会保险基本运行情况分析

目前国家通过立法和制定政策，强制企业职工参加的社会保险制度主要是养老保险、医疗保险、失业保险、工伤保险和生育保险。在社会保险制度中，职工既有缴费义务也有享受待遇的权利，这项权利受到《中华人民共和国宪法》、《中华人民共和国劳动法》和《中华人民共和国社会保险法》的保护。在中国经济转型时期，社会保险制度对保障职工的切身利益发挥了十分重要的作用。但同时，对于企业来说，五项保险都要求企业缴纳保险费，总体超过企业职工工资总额的40%，也是一笔不小的成本。

从宏观的角度来看，本章根据《中国统计年鉴》《中国劳动统计年鉴》对中小企业参保情况进行分析，主要分为以下几个维度。

（1）城镇就业人员主要分布在私营单位与城镇个体

根据表4-3各类型企业就业人员情况的数据，截至2017年末，全国城镇就业人员4.25亿人，其中，国有单位的占比连年下降，从2015年的15.4%降至2017年的14.3%；集体单位、股份合作单位、联营单位、股份有限单位、港澳台单位、外商投资单位的占比均未超过5%；城镇私营单位与城镇个体的总占比超过50%，成为劳动力的主力军，也是社保参与的主力军。根据就业人员的分布情况，可以看出，我国多种所有制经济共同发展的格局已经形成，国有企业不再是参保的主力军。

表4-3 各类型企业就业人员情况

单位：万人，%

| 分类别就业人员 | 2015年 | | 2016年 | | 2017年 | |
|---|---|---|---|---|---|---|
| | 人数 | 占比 | 人数 | 占比 | 人数 | 占比 |
| 城镇就业 | 40410.00 | 100.0 | 41428.0 | 100.0 | 42462.00 | 100.0 |
| 国有单位 | 6208.27 | 15.4 | 6169.8 | 14.9 | 6063.79 | 14.3 |
| 集体单位 | 481.44 | 1.2 | 453.3 | 1.1 | 406.02 | 1.0 |
| 股份合作单位 | 91.67 | 0.2 | 86.0 | 0.2 | 77.00 | 0.2 |
| 联营单位 | 20.26 | 0.1 | 18.0 | 0.0 | 13.00 | 0.0 |
| 有限责任单位 | 6389.39 | 15.8 | 6381.0 | 15.4 | 6367.10 | 15.0 |
| 股份有限单位 | 1797.95 | 4.4 | 1824.0 | 4.4 | 1846.00 | 4.3 |

| 分类别就业人员 | 2015 年 | | 2016 年 | | 2017 年 | |
|---|---|---|---|---|---|---|
| | 人数 | 占比 | 人数 | 占比 | 人数 | 占比 |
| 港澳台单位 | 1343.91 | 3.3 | 1305.00 | 3.2 | 1289.98 | 3.0 |
| 外商投资单位 | 1445.85 | 3.6 | 1361.00 | 3.3 | 1291.47 | 3.0 |
| 城镇私营企业 | 11179.70 | 27.7 | 12083.42 | 29.2 | 13327.23 | 31.4 |
| 城镇个体 | 7799.87 | 19.3 | 8626.98 | 20.8 | 9347.50 | 22.0 |

数据来源：国家统计局，2018。

以北京市为例，根据表 4 - 4 的数据，在基本养老保险范畴，国有单位户均参保人数为 301 人，集体单位户均参保人数为 39 人，其他单位户均参保人数为 25 人；在基本医疗保险范畴，国有单位户均参保人数为 360 人，集体单位户均参保人数为 47 人，其他单位户均参保人数为 28 人。由此可以看出，北京地区社会保险参保人数大多为中小企业就业人员。

**表 4 - 4　北京市城镇职工参加社会保险情况（2017 年）**

单位：个，人

| 项目 | 基本养老保险 | | 基本医疗保险 | |
|---|---|---|---|---|
| | 单位个数 | 人数 | 单位个数 | 人数 |
| 合计 | 537591 | 15143284 | 502038 | 15691611 |
| 按登记注册类型划分 | | | | |
| 国有 | 6559 | 1975807 | 5280 | 1898339 |
| 集体 | 6251 | 242691 | 4855 | 226514 |
| 其他 | 524781 | 12924786 | 491903 | 13566758 |
| 按隶属关系划分 | | | | |
| 中央单位 | 7318 | 1910110 | 6407 | 1842004 |
| 地方单位 | 530273 | 13233174 | 495631 | 13849607 |

数据来源：北京统计局，《北京统计年鉴 2018》。

（2）私人控股的中小企业是社会保险的主力军

从中小企业的总量上看，据《中国经济普查年鉴2013》披露，小微企业约785万户，占全部法人单位总数的73%左右（见表4-5）。根据控股情况划分，国有控股类型中，小微企业的占比最低，仅为8%；私人控股类型中，小微企业的占比最高，达96%。伴随经济改革的深入，我国多种所有制并存的经济主体竞争态势已经确立，除计划经济时代存在的国有企业、集体企业之外，私人、港澳台商投资、外商投资的企业比重日益攀升，成为社会经济的主体力量。特别是，在小微企业中，私人控股类型的占比最高，达69.5%。

从2013年和2017年的企业发展来看，总体法人单位数量显著增长，主要是源自私人控股类型的法人单位数量增幅显著，港澳台商控股、外商控股的企业数量也在攀升，与其形成鲜明对比的是国有控股、集体控股的企业数量明显减少。

综上所述，无论是从覆盖员工人数还是从参加企业数量的维度来看，私人控股的中小企业均是社会保险的主力军。作为经济转型的支撑，社会保险的相关政策不能停留在为包括国有企业在内的公有制经济服务的初始目标，应该探索如何更好地满足私人控股、港澳台商控股、外商控股等各类型企业主体的需要。

表4-5　企业法人单位数量

单位：家，%

| 类　别 | 2017年末法人单位 | 2013年末 | | 2013年末小微企业占法人单位的比重 |
| --- | --- | --- | --- | --- |
| | | 法人单位 | 小微企业 | |
| 合　计 | 18097682 | 10825611 | 7849801 | 73 |
| 按控股情况划分 | | | | |
| 国有控股 | 325800 | 1136687 | 95377 | 8 |
| 集体控股 | 249946 | 217201 | 121452 | 56 |
| 私人控股 | 16204143 | 5667705 | 5455201 | 96 |
| 港澳台商控股 | 113103 | 96599 | 80260 | 83 |

| 类　　别 | 2017 年末法人单位 | 2013 年末 | | 2013 年末小微企业占法人单位的比重 |
| --- | --- | --- | --- | --- |
| | | 法人单位 | 小微企业 | |
| 外商控股 | 111628 | 105089 | 88418 | 84 |
| 其他 | 1093062 | 3602330 | 2009093 | 56 |

数据来源：《中国统计年鉴 2018》和《中国经济普查年鉴 2013》。

（3）社会保险费对私人控股中小企业员工的影响更大

根据社会保险规定，员工的社会保险缴费允许在工资中税前扣除，基本养老保险缴费率为 8%，基本医疗保险缴费率为 2%，失业保险缴费率为 0.2%，总费率约为税前工资的 10%。

根据表 4-6 的数据，2017 年末，全国城镇单位就业人员年均工资为 74318 元，折算月平均工资为 6193 元；全国城镇就业人员年均工资的增幅为 8.87%，人均可支配收入在稳步上升。

按照登记注册类型划分的从业人员年均工资来看，2017 年末排名前三位的分别是：外商投资单位年均工资 90064 元，月平均工资 7505 元；股份有限单位年均工资 85028 元，月平均工资 7085元；国有单位年均工资 81114 元，月平均工资 6759 元。针对上述月平均工资超过 8000 元的从业人员而言，每月个人缴纳工资总额10% 的社会保险费，对当期收入的边际影响较小。

2017 年末从业人员年均工资排名后三位的分别是：私营单位年均工资为 45761 元，月平均工资 3813 元；其他内资单位年均工资 54417 元，月平均工资 4534 元；集体单位年均工资 55243 元，月平均工资 4603 元。针对上述月平均工资 4000 元左右的从业人员而言，每月个人缴纳工资总额 10% 的社会保险费，将对当期收入产生较大的边际影响。

从业人员年均工资增长率排名前三位的分别是：国有单位10.81%、股份合作单位 9.54%、港澳台商投资单位 9.23%。照此趋势，国有单位、股份合作单位、港澳台商投资单位将在收入方面进一步拉开与私营单位、集体单位的差距。在城市地区的消费价格相对较高的情况下，社会保险费的缴纳是否影响从业人员的日常生活，从而引起参保人员的逆向选择，这是亟须研究的问题。

表 4－6　法人单位从业人员年均工资及其增长率

单位：元，%

| | 2013 年 | 2014 年 | 2015 年 | 2016 年 | 2017 年 | 增长率 |
|---|---|---|---|---|---|---|
| 全国城镇单位 | 51483 | 56360 | 62029 | 67569 | 74318 | 8.87 |
| 国有单位 | 52657 | 57296 | 65296 | 72538 | 81114 | 10.81 |
| 集体单位 | 38905 | 42742 | 46607 | 50527 | 55243 | 8.40 |
| 股份合作单位 | 48657 | 54806 | 60369 | 65962 | 71871 | 9.54 |
| 联营单位 | 43973 | 49078 | 50733 | 53455 | 61467 | 7.96 |
| 有限责任单位 | 46718 | 50942 | 54481 | 58490 | 63895 | 7.35 |
| 股份有限单位 | 61145 | 67421 | 72644 | 78285 | 85028 | 7.81 |
| 其他内资单位 | 38306 | 42224 | 46945 | 49759 | 54417 | 8.41 |
| 港澳台商投资单位 | 49961 | 55935 | 62017 | 67506 | 73016 | 9.23 |
| 外商投资单位 | 63171 | 69826 | 76302 | 82902 | 90064 | 8.51 |
| 私营单位 | 32706 | 36390 | 39589 | 42833 | 45761 | 7.98 |

数据来源：国家统计局，《中国统计年鉴 2018》。

（4）中小企业生存时间影响社会保险可持续性

目前人力资源和社会保障部公布的历年社会保险基金统筹情况更新至 2017 年，从表 4－7 中的数据可以看出，各项险种的收入支出情况均衡，略有结余，财政负担能力可持续发展。

根据原国家工商行政管理总局公布的《全国内资企业生存时间分析报告》，综合分析 2000 年以来全国新设企业、注吊销生存时间等数据，我国企业生存时间呈现平均寿命短、行业集中度高的特征。

中小企业生存时间对社会保险稳定性产生重大影响，需要更多的政策支持帮助中小企业度过生存危险期，从而保证社会保险的可持续平稳发展。

表 4 - 7 历年社会保险基金统筹情况（2011 ~ 2017 年）

单位：亿元

| 年份 | 社会保险基金收入 | 城镇职工基本养老保险基金收入 | 城镇职工基本养老保险基金支出 | 社会保险基金累计结余 | 城镇职工基本养老保险基金累计结余 |
|---|---|---|---|---|---|
| 2011 | 25153.3 | 16894.7 | 12765.0 | 30233.1 | 19496.6 |
| 2012 | 30738.8 | 20001.0 | 15561.8 | 38106.6 | 23941.3 |
| 2013 | 35253.0 | 22680.4 | 18470.4 | 45588.1 | 28269.2 |
| 2014 | 39827.7 | 25309.7 | 21754.7 | 52462.3 | 31800.0 |
| 2015 | 46012.1 | 29340.9 | 25812.7 | 59532.5 | 35344.8 |
| 2016 | 53562.7 | 35057.5 | 31853.8 | 66349.7 | 38580.0 |
| 2017 | 67154.2 | 43309.6 | 38051.5 | 77311.6 | 43884.6 |

数据来源：中经网统计数据库，https：//fb. cei. cn，2017 年度数据库。

（5）社会保险待遇水平适中且逐年增长

根据历年法人单位从业人员工资水平测算，年均工资逐年增长，平均增幅接近9%。与社会保险基金统筹情况良好相协调的情况是，与社会平均工资指数化关联的社会保障相关待遇水平适中且每年均有稳步增长。

我国自 2004 年明确推出企业退休人员基本养老金调整政策以来，连续 15 次调整企业退休人员的基本养老金水平。2019 年 3 月，人力资源和社会保障部、财政部联合下发《关于 2019 年调整退休人员基本养老金的通知》，明确从 2019 年 1 月 1 日起，提高 2018 年底前已按规定办理退休手续并按月领取基本养老金的企业和机关事业单位退休人员的基本养老金标准。2019 年总体调整比例与 2018 年持平，即总体调整水平为 2018 年退休人员每月人均基本养老金的5%左右。

（6）区域间社会保险领域"二元结构"问题存在差异

随着城镇化的稳步推进，全国城镇人口占比逐年提升，根据表 4 - 8 中的数据，截至 2017 年末，全国 58.52% 的人口生活在城镇地区。分地区的城镇人口分析可以得出，直辖市的城镇化水平最高，北京、上海的城镇人口占比超过85%；东部经济发达地区的城镇化水平次之，广东、江苏的城镇人口占比接近70%；中部地区再次之，河南的城镇人口占比略超50%；西部地区的城镇人口占比最低，仍徘徊在45%左右。由此可以得出，由于城镇人口与农村人口占比的差异，区域间社会保险领域的城乡"二元结构"问题也存在差异。

表 4-8  各地区城镇人口比重

单位：%

| 地区 | 2015 年 | 2016 年 | 2017 年 |
|------|---------|---------|---------|
| 全国 | 56.10 | 57.35 | 58.52 |
| 北京 | 86.50 | 86.50 | 86.50 |
| 上海 | 87.60 | 87.90 | 87.70 |
| 广东 | 68.71 | 69.20 | 69.85 |
| 江苏 | 66.52 | 67.72 | 68.76 |
| 河南 | 46.85 | 48.50 | 50.16 |
| 四川 | 47.69 | 49.21 | 50.79 |
| 贵州 | 42.01 | 44.15 | 46.69 |
| 陕西 | 42.01 | 44.15 | 45.02 |

数据来源：《中国劳动统计年鉴2018》。

（7）社会保险的稽核反映偷逃缴费的行为屡禁不止

在平稳发展的大局面下，可以从细节中探出社会保险仍存在不合理的情况。以2017年的社会保险基金统筹情况分析得知，基本养老保险的参保人数与基本医疗保险的参保人数存在差异，而且基本养老保险的参保单位数高于基本医疗保险的参保单位数，但前者的参保人数却低于后者。

目前，社保部门对企业征缴的检查多采用事后稽查的方式，广大中小企业由于社会保险费缴纳金额较小，很难成为社保部门的重点检查对象，甚至绝大多数企业从未接受过社保部门的检查，这给偷逃费行为留下巨大的空间。社会保险的稽核工作应有效控制检查成本、提升征缴效率，以便及时发现原因，并最终寻找解决途径。

除上述情况外，我国的私营企业与个体经营经济体的主体数量多，从业人员多，增长迅猛。根据表 4-9 中的数据，截至 2017 年末，私营商户数 2726 万户，个体户数 6579.4 万户，目前社保部门缺乏以个人信息为索引的参保情况监管，对不进行社会登记的私营企业、个体户缺乏监督手段，从业人员的参保情况堪虞。

**表 4-9　私营个体经济基本情况（2017 年）**

单位：万户，万人，%

| 项目 | 私营 | | | 个体 | | |
|---|---|---|---|---|---|---|
| | 2016 年 | 2017 年 | 增长率 | 2016 年 | 2017 年 | 增长率 |
| 户数 | 2309 | 2726 | 18.06 | 5930 | 6579.4 | 10.95 |
| 从业人员 | 17997 | 19881 | 10.47 | 12862 | 14225.3 | 10.60 |

数据来源：国家统计局，《中国统计年鉴 2018》。

在"广泛覆盖、适度水平"的养老保险体系背后，统计数据更精细地解释了制度运行的细节。通过上述分析，中小企业参与养老保险的行为受到自身经济实力的限制，又承受外部较高的缴费率压力，成为覆盖面缺失、不按时足额缴纳社会保险的主要对象。

## 二　中小企业参保行为的实证分析

### （一）参保行为调查分析

前文从宏观的角度分析了我国中小企业的总体参保情况，为了进一步解释企业的参保行为，本章选取沪深上市企业，对其2007~2016 年的年报数据进行挖掘分析，寻找中小企业参保行为的个体差异以及呈现的共性特征。

截至 2016 年末，沪深两市的上市公司样本总数为 2848 家，通过对国泰安数据库的采集，2007～2016 年的年报中对社会保险费以及养老保险费的披露情况见表 4 – 10。

表 4 – 10　2007～2016 年沪深两市上市公司社会保险费和
养老保险费的披露情况

单位：家

| 项目 | 年份 | 披露数 |
|---|---|---|
| 社会保险费 | 2007 | 1123 |
| | 2008 | 1200 |
| | 2009 | 1431 |
| | 2010 | 1709 |
| | 2011 | 1951 |
| | 2012 | 2157 |
| | 2013 | 2239 |
| 养老保险费 | 2014 | 2599 |
| | 2015 | 2787 |
| | 2016 | 2821 |

数据来源：国泰安数据库。

信息披露的企业数量逐年上升，特别是 2014 年后，新的信息披露规定出台，将养老保险费的科目规范为"离职后福利（设定提存计划）"，样本数据的披露数量相较此前有较大幅度的提升。

根据经验假设的范围以及年报数据的特征，本书据此提出如下假设以待进一步验证。

假设 1：缴费率是影响中小企业参保行为遵从度的显著因素。

假设 2：中小企业，不论其实际控制人的类型，参保行为遵从度都是一致的。

假设 3：收入偏低是影响中小企业参保行为遵从度的显著因素。

首先确定描述中小企业社会养老保险参保行为的指标体系（见表 4 – 11）。

表 4 - 11　调查项目及指标体系

| 分类 | 调查项目 | 主要调查方向 |
| --- | --- | --- |
| 企业基本情况 | 行业类型 | 国家标准的行业分类 |
| | 所在地 | 所在地省份 |
| | 所有权结构 | 实际控制人的类型 |
| | 利润情况 | 利润额与净利润率 |
| | 雇员规模 | 按员工总数划分 |
| 人工成本情况 | 劳动力成本 | 人均工资 |
| | 信息工作 | 是否披露社会保险情况 |
| | 保险费率 | ①2007～2013 年总社会保险缴费资金占工资总额的比例<br>②2014～2016 年养老保险缴费占工资总额的比重 |
| | 缴费基数 | 各项险种的缴费基数情况 |
| 员工情况 | 员工数量 | |
| | 教育程度 | 本科以上人员的占比 |

根据上述采集数据，依次分析企业基本情况、人工成本情况以及员工情况是否会对养老保险缴费产生显著影响。

1. 企业基本情况

截至 2016 年末，沪深两市的上市公司样本总数为 2848 家，其中公布雇员信息的有 2840 家，雇员总数达 2028.5 万人，利润总额 34413.2 亿元。在这些上市企业中，雇员人数 10000 人以上的有 361 家，雇员人数 1000～10000 人的有 1784 家，雇员人数 1000 人以下的有 695 家。与大型企业相比，中小企业业态分布和经营能力的差异可以作为统计分析的样本，所以本书选取雇员人数 1000 人以下的 695 家企业作为研究对象。

（1）行业类型

根据表 4 - 12 可知，695 家样本企业覆盖第一产业、第二产业、第三产业共 17 个行业类别，表明了中小企业业态丰富。

针对产业类型的分析得出，第二产业的企业数量最多，达 431

家，占总企业数的 62%。其中制造业的企业数量最多，达 375 家。

表 4 – 12　行业类型情况

单位：家

| 产业类别 | 标准行业类别 | 企业数量 | 汇总 |
|---|---|---|---|
| 第一产业 | 农、林、牧、渔业 | 10 | 10 |
| 第二产业 | 采矿业 | 15 | 431 |
| | 制造业 | 375 | |
| | 电力、热力、燃气及水生产和供应业 | 22 | |
| | 建筑业 | 19 | |
| 第三产业 | 房地产业 | 64 | 254 |
| | 交通运输、仓储和邮政业 | 17 | |
| | 金融业 | 9 | |
| | 科学研究和技术服务业 | 10 | |
| | 批发和零售业 | 32 | |
| | 水利、环境和公共设施管理业 | 10 | |
| | 卫生和社会工作 | 1 | |
| | 文化、体育和娱乐业 | 18 | |
| | 信息传输、软件和信息技术服务业 | 61 | |
| | 住宿和餐饮业 | 2 | |
| | 综合服务业 | 13 | |
| | 租赁和商务服务业 | 17 | |
| 总计 | | 695 | 695 |

（2）所有权结构

从表 4 – 13 可知，与大型企业的情况相反，在中小企业中，非国有类别的企业有 535 家，占比达 77%，其中以个人控股的企业数最多，达 489 家。上述数据表明，中小规模的企业中，非国有的企业竞争力更强劲，在 IPO 成功上市的企业数量上获得优势。

表 4 - 13　所有权结构类型情况

单位：家

| 类型 | 实际控制人类型 | 企业数量 | 汇总 |
|---|---|---|---|
| 国有 | 中央国家机关 | 7 | 160 |
| | 中央国有企业 | 7 | |
| | 国资委 | 32 | |
| | 地方国有企业 | 4 | |
| | 地方国资委 | 85 | |
| | 地方政府 | 25 | |
| 非国有 | 大学 | 3 | 535 |
| | 集体企业 | 10 | |
| | 境外 | 26 | |
| | 民营企业 | 1 | |
| | 个人 | 489 | |
| | 职工持股会（工会） | 1 | |
| | 其他 | 4 | |
| | 未明确 | 1 | |
| 总计 | | 695 | 695 |

（3）利润情况

695 家中小企业的平均净利润率与净利润额受到亏损企业偏离值的影响（见表 4 - 14），总体数据并不乐观，反映出中小企业在生存、盈利方面面临着巨大的挑战。

为进一步分析企业间的差异情况，从行业类型的维度看，2016 年度金融行业的净利润率最高，超过 38%；净利润率超过 25% 的行业分别是电力等生产和供应业、交通运输、水利等公共设施管理业以及综合服务业。2016 年度金融业的平均净利润额最高，达 5.14 亿元，平均净利润额超过 1 亿元的其他行业分别是电力等生产和供应业、房地产业、交通运输、批发零售业、文化体育和娱乐业以及综合服务业。

从产业类型的维度看，2016 年度，第一产业的平均净利润率为

－1.88%，平均净利润额为－0.19 亿元；第二产业的平均净利润率为
－51.01%，平均净利润额为 0.84 亿元；第三产业（剔除巨额亏损的
一类企业）的平均净利润率为 16.22%，平均净利润额为 1.17 亿元。

695 家中小企业中有 101 家企业处于亏损状态，亏损额为－202.25
亿元。

上述数据表明，上市企业中的绝大多数中小企业经营状况平
稳，但也有不少企业仍挣扎在生存的边缘。

表 4－14　净利润率与净利润额

单位：家，%，万元

| 产业类型 | 标准行业类型 | 企业数量 | 汇总 | 净利润率 | 平均净利润额 |
|---|---|---|---|---|---|
| 第一产业 | 农、林、牧、渔业 | 10 | 10 | －1.88 | －1960.61 |
| 第二产业 | 采矿业 | 15 | 431 | －24.10 | 2705.12 |
| | 制造业 | 375 | | －0.10 | 4857.87 |
| | 电力、热力、燃气及水生产和供应业 | 22 | | 32.78 | 28314.92 |
| | 建筑业 | 19 | | －212.62 | －2272.58 |
| 第三产业 | 房地产业 | 64 | 254 | 20.33 | 37181.60 |
| | 交通运输、仓储和邮政业 | 17 | | 28.84 | 19131.05 |
| | 金融业 | 9 | | 38.27 | 51439.41 |
| | 科学研究和技术服务业 | 10 | | －34.87 | －4342.27 |
| | 批发和零售业 | 32 | | 12.81 | 10846.83 |
| | 水利、环境和公共设施管理业 | 10 | | 29.85 | 5563.52 |
| | 卫生和社会工作 | 1 | | －1562.85 | －69440.74 |
| | 文化、体育和娱乐业 | 18 | | 23.63 | 24962.62 |
| | 信息传输、软件和信息技术服务业 | 61 | | 9.12 | 9680.99 |
| | 住宿和餐饮业 | 2 | | －3.86 | －768.02 |
| | 综合服务业 | 13 | | 34.91 | 13512.65 |
| | 租赁和商务服务业 | 17 | | 19.39 | 43374.28 |
| 总计 | | 695 | 695 | | |

数据来源：根据上市公司年报数据整理。

（4）雇员规模

695 家 1000 人以下企业的平均雇员人数为 540 人，按雇员规模划分，雇员人数少于 200 人的企业 83 家，雇员人数在 200~400（不含 400）人的企业 143 家，雇员人数在 400~600（不含 600）人的企业 163 家，雇员人数在 600~800（不含 800）人的企业 160 家，雇员人数在 800~1000（不含 1000）人的企业 146 家。

根据工业和信息化部、国家统计局、国家发展和改革委员会、财政部研究制定的《中小企业划型标准规定》，在北京地区上市企业中，中型企业的数量较少，小型企业的数量较多。

按实际控制人的类型，对雇员规模进行分类，根据表 4-15 的数据，非国有类型企业的雇员平均人数高于国有类型企业，其中民

表 4-15　实际控制人类型

单位：家，人

| 类型 | 实际控制人类型 | 企业数量 | 雇员平均人数 | 按类型的雇员平均人数 |
|------|----------------|----------|--------------|----------------------|
| 国有 | 中央国家机关 | 7 | 408 | 568 |
| | 中央国有企业 | 7 | 601 | |
| | 国资委 | 32 | 636 | |
| | 地方国有企业 | 4 | 717 | |
| | 地方国资委 | 85 | 539 | |
| | 地方政府 | 25 | 508 | |
| 非国有 | 大学 | 3 | 771 | 617 |
| | 集体企业 | 10 | 488 | |
| | 境外 | 26 | 491 | |
| | 民营企业 | 1 | 980 | |
| | 个人 | 489 | 538 | |
| | 职工持股会（工会） | 1 | 529 | |
| | 其他 | 4 | 569 | |
| | 未明确 | 1 | 569 | |
| | 总计/整体 | 695 | 541 | 541 |

数据来源：根据上市公司年报数据整理。

营企业的雇员平均人数最高，达 980 人；中央国家机关作为实际控制人的企业的雇员平均人数最低，只有 408 人。

从产业类别的维度分析（见表 4 - 16），第二产业的雇员平均人数最高，有 555 人，仍属于劳动密集型产业；第三产业的雇员平均人数已经超过第一产业，这表明在上市的中小企业中，第三产业聚集的雇员人数在不断增加。

表 4 - 16  产业类别

单位：家，人

| 产业类别 | 标准行业类别 | 企业数量 | 雇员平均人数 | 按产业类别的雇员平均人数 |
|---|---|---|---|---|
| 第一产业 | 农、林、牧、渔业 | 10 | 408 | 408 |
| 第二产业 | 采矿业 | 15 | 408 | 555 |
| | 制造业 | 375 | 480 | |
| | 电力、热力、燃气及水生产和供应业 | 22 | 590 | |
| | 建筑业 | 19 | 654 | |
| 第三产业 | 房地产业 | 64 | 410 | 435 |
| | 交通运输、仓储和邮政业 | 17 | 588 | |
| | 金融业 | 9 | 245 | |
| | 科学研究和技术服务业 | 10 | 489 | |
| | 批发和零售业 | 32 | 405 | |
| | 水利、环境和公共设施管理业 | 10 | 601 | |
| | 卫生和社会工作 | 1 | 133 | |
| | 文化、体育和娱乐业 | 18 | 550 | |
| | 信息传输、软件和信息技术服务业 | 61 | 530 | |
| | 住宿和餐饮业 | 2 | 339 | |
| | 综合服务业 | 13 | 418 | |
| | 租赁和商务服务业 | 17 | 506 | |
| 总计/整体 | | 695 | 540 | 540 |

数据来源：根据上市公司年报数据整理。

2. 人工成本情况

相对企业基本情况而言，企业的人工成本情况与其社会保险的参保行为关系更为密切。

（1）人均薪酬情况

695 家北京地区上市企业的年工资总额平均值为 6391 万元，全部高管年人均薪酬为 449 万元，剔除高管薪酬后，年人均薪酬为 13 万元。

按行业类别划分，剔除高管薪酬影响的行业的年人均薪酬超过 10 万元，分别是农、林、牧、渔业，采矿业，电力、热力、燃气及水生产和供应业，建筑业，房地产业，交通运输业等，金融业，科学研究和技术服务业，批发和零售业，卫生和社会工作，文化、体育和娱乐业，信息传输、软件和信息技术服务业，综合服务业，以及租赁和商务服务业；然而，住宿和餐饮业的年人均薪酬却不足 5 万元（见表 4 - 17）。

上述数据表明，不同行业的薪酬水平差异较大，高管薪酬与年人均薪酬水平之间呈正相关。

按实际控制人的类型划分，年薪酬均值、高管薪酬与年人均薪酬的比例，均比分行业类型的分析的均衡度高，非国有类型比国

表 4 - 17　人均薪酬

单位：家，万元

| 产业类别 | 标准行业类别 | 企业数量 | 员工总薪酬 | 高管薪酬 | 剔除高管薪酬后的年人均薪酬 |
|---|---|---|---|---|---|
| 第一产业 | 农、林、牧、渔业 | 10 | 4629.70 | 373.30 | 10.23 |
| 第二产业 | 采矿业 | 15 | 4454.82 | 438.19 | 10.59 |
| | 制造业 | 375 | 5489.48 | 388.66 | 9.71 |
| | 电力、热力、燃气及水生产和供应业 | 22 | 7347.58 | 467.36 | 12.03 |
| | 建筑业 | 19 | 8904.38 | 440.41 | 13.76 |

续表

| 产业类别 | 标准行业类别 | 企业数量 | 员工总薪酬 | 高管薪酬 | 剔除高管薪酬后的年人均薪酬 |
|---|---|---|---|---|---|
| 第三产业 | 房地产业 | 64 | 6849.06 | 731.31 | 15.53 |
| | 交通运输、仓储和邮政业 | 17 | 16518.64 | 544.80 | 37.22 |
| | 金融业 | 9 | 14548.62 | 1184.12 | 69.27 |
| | 科学研究和技术服务业 | 10 | 5735.19 | 412.13 | 10.39 |
| | 批发和零售业 | 32 | 6222.82 | 407.22 | 13.04 |
| | 水利、环境和公共设施管理业 | 10 | 5038.64 | 412.67 | 7.55 |
| | 卫生和社会工作 | 1 | 6293.41 | 830.31 | 41.08 |
| | 文化、体育和娱乐业 | 18 | 6514.05 | 535.25 | 12.66 |
| | 信息传输、软件和信息技术服务业 | 61 | 7231.10 | 395.87 | 13.05 |
| | 住宿和餐饮业 | 2 | 2011.62 | 246.77 | 4.70 |
| | 综合服务业 | 13 | 4502.87 | 454.69 | 12.97 |
| | 租赁和商务服务业 | 17 | 9139.69 | 489.94 | 16.50 |

数据来源：根据上市公司年报数据整理。

有类型略高（见表4-18）。这表明，实际控制人的类型与人均薪酬之间没有显著相关性。

表4-18  实际控制人类型划分的分类年薪酬情况

单位：家，万元

| 类型 | 实际控制人类型 | 企业数量 | 员工总薪酬 | 高管薪酬 | 剔除高管薪酬后的年人均薪酬 |
|---|---|---|---|---|---|
| 国有 | 中央国家机关 | 7 | 4175.17 | 425.67 | 9.99 |
| | 中央国有企业 | 7 | 9091.70 | 1032.81 | 14.69 |
| | 国资委 | 32 | 7091.01 | 433.80 | 11.13 |
| | 地方国有企业 | 4 | 6330.04 | 339.03 | 9.85 |
| | 地方国资委 | 85 | 6699.83 | 445.46 | 13.36 |
| | 地方政府 | 25 | 6890.45 | 308.19 | 11.38 |

| 类型 | 实际控制人类型 | 企业数量 | 员工总薪酬 | 高管薪酬 | 剔除高管薪酬后的年人均薪酬 |
|---|---|---|---|---|---|
| 非国有 | 大学 | 3 | 6040.34 | 383.92 | 7.39 |
| | 集体企业 | 10 | 10430.06 | 344.48 | 16.58 |
| | 境外 | 26 | 5259.01 | 472.91 | 11.59 |
| | 民营企业 | 1 | 6357.62 | 813.00 | 5.66 |
| | 个人 | 489 | 6246.57 | 450.70 | 12.78 |
| | 职工持股会（工会） | 1 | 7809.97 | 589.40 | 13.65 |
| | 其他 | 4 | 6705.45 | 545.90 | 11.23 |
| | 未明确 | 1 | 6705.45 | 545.90 | 11.23 |
| | 总计/整体 | 695 | 6391.00 | 449.00 | 13.00 |

数据来源：根据上市公司年报数据整理。

（2）信息披露

表4-19比较了财政部与证监会对社会保险数据披露的不同要求。根据财政部发布的《企业会计准则第9号——职工薪酬》规定，企业应当在职工为其提供服务期间，将应付的社会保险费确认为负债，并根据职工提供服务的受益对象计入相关资产成本或当期损益。根据证监会发布的《公开发行证券的公司信息披露编报规则第15号——财务报告的一般规定》，上市公司通常是在"财务报表附注"中"会计政策、会计估计和前期差错"项下披露职工薪酬会计政策。两部法规只对社会保险数据提出了披露要求，上市公司可以选择遵从哪项规定进行数据披露。

表4-19 现行两部法规对社会保险数据披露要求的比较

| 法规名目 | 社会保险数据披露要求 |
|---|---|
| 财政部《企业会计准则第9号——职工薪酬》第三章第七条 | 应当为职工缴纳医疗保险费、养老保险费、失业保险费、工伤保险费和生育保险费等社会保险费及其期末应付未付金额 |

| 法规名目 | 社会保险数据披露要求 |
|---|---|
| 证监会《公开发行证券的公司信息披露编报规则第 15 号——财务报告的一般规定》第三章第五节 | 分工资、奖金、津贴和补贴、职工福利、社会保险费、住房公积金等项目，披露对应的期初账面余额、本期增加额、本期支付额、期末账面余额。披露应付职工薪酬中属于拖欠性质或工效挂钩的部分 |

数据来源：根据上市公司年报数据整理。

在上市的 695 家中小企业中，企业披露社会保险信息情况逐年改善。2014 年之后，由于公开披露信息的名称及形式越来越规范，企业开始对分项社会保险的明细进行披露。

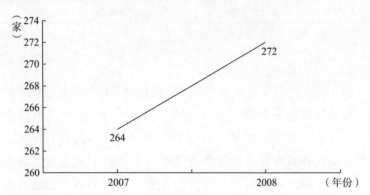

图 4-1　2007 年、2008 年企业对分项社会保险的明细披露情况

（3）社会保险费占工资、奖金等薪酬的比例

2016 年各地区社会保险相关险种的法定费率情况，如表 4-20 所示。

表 4-20　各地区社会保险相关险种法定费率情况

单位：%

| 地区 | 社会保险缴费率 | 养老保险缴费率 |
|---|---|---|
| 安徽 | 28 | 19 |
| 北京 | 30 | 19 |
| 福建 | 19 | 12 |

| 地区 | 社会保险缴费率 | 养老保险缴费率 |
|------|------|------|
| 甘肃 | 29 | 19 |
| 广东 | 18 | 13 |
| 广西 | 29 | 19 |
| 贵州 | 28 | 19 |
| 海南 | 28 | 19 |
| 河北 | 28 | 20 |
| 河南 | 29 | 19 |
| 黑龙江 | 29 | 20 |
| 湖北 | 29 | 19 |
| 湖南 | 29 | 19 |
| 吉林 | 29 | 20 |
| 江苏 | 29 | 19 |
| 江西 | 26 | 19 |
| 辽宁 | 28 | 20 |
| 内蒙古 | 27 | 20 |
| 宁夏 | 29 | 19 |
| 青海 | 27 | 20 |
| 山东 | 29 | 18 |
| 山西 | 27 | 19 |
| 陕西 | 29 | 20 |
| 上海 | 31 | 20 |
| 四川 | 28 | 19 |
| 天津 | 30 | 19 |
| 西藏 | 28 | 19 |
| 新疆 | 29 | 19 |
| 云南 | 30 | 19 |
| 浙江 | 26 | 14 |
| 重庆 | 29 | 19 |

数据来源：根据上市公司年报数据整理。

根据上述费率计算，企业的总法定费率为 12% ~ 31%，但在

695 家上市公司披露的信息中，2007～2013 年披露的社会保险费率、2014～2016 年养老保险费率（见表 4-21）的均值与表 4-20 中的比例相比明显偏低。因为根据缴费基数的厘定规则，社会保险缴费基数根据上一年的工资总额确定，所以该项比值必然低于法定费率水平；上市公司的薪酬水平较高，超出各地社会平均工资三倍以上的部分不计入缴费基数，这是实际费率低于法定费率的解释之一。实际缴费率低于名义缴费率是不争的事实。

表 4-21　历年社会保险费率及养老保险费率披露情况

单位：家，%

| 信息 | 年份 | 披露数 | 均值 |
|---|---|---|---|
| 社会保险费率 | 2007 | 264 | 28.09 |
| | 2008 | 272 | 21.02 |
| | 2009 | 323 | 18.26 |
| | 2010 | 377 | 17.01 |
| | 2011 | 436 | 17.82 |
| | 2012 | 508 | 17.35 |
| | 2013 | 511 | 16.94 |
| 养老保险费率 | 2014 | 601 | 10.19 |
| | 2015 | 681 | 10.32 |
| | 2016 | 690 | 9.93 |

数据来源：根据上市公司年报数据整理。

（4）社会保险缴费基数

根据北京市社会保险的相关规定，企业必须以全部城镇职工缴费工资基数之和作为企业缴费基数，采取每年主动申报的方式，每年的 2～3 月到参保缴费地的区县社会保险基金管理中心办理申报手续。

在岗职工工资总额，指单位直接支付给在岗职工的劳动报酬总额，包括基础工资、职务工资、级别工资、工龄工资、计件工资、奖金、各种津贴和补贴、过节费、交通费、洗理费、书报费、伙食补助（出差人员在途的误餐补贴统计在工资外收入中）、住房补贴以及由单位代扣代缴的个人所得税、住房基金、各项社会保险基金、水电费等。

根据国家统计局有关规定，"各单位发放的住房补贴、通信工具补助、住宅电话补助应计入工资总额中的各种津贴"，"单位以各种名义发放的现金和实物，只要属于劳动报酬性质并且现行统计制度未明确规定不计入工资的都应作为工资统计"。[①]

通过对披露社会保险分项信息的数据分析发现，采用"基本养老保险的缴费额/20%"的方式可以还原社会保险的缴费基数，再通过"基本医疗保险的缴费额/还原社会保险的缴费基数"得出均值为10.6%，从而印证基本医疗保险的费率。[②] 上述比对表明，社会保险缴费基数在单个年度内不同险种之间的一致度较高。

然而，通过"工资、奖金等总额/还原社会保险缴费基数"[③]的比对发现，企业的比值平均值为2.4，这表明粗略估计工资总额比上年度增长140%，这似乎很难解释清楚，从而反映出各家上市公司在缴费基数的核定问题上没有遵照国家统计局的规定。

3. 雇员受教育程度

上市中小企业的平均雇员人数为541人，本科以上人数占比的均值为35%。在上市的中小企业中，本科以上人数占比超过50%的企业有99家，占全部企业的比重为14.3%。

本科以上人数占比排名前列的行业分别为：金融业，卫生和社会工作，科学研究和技术服务业，文化、体育和娱乐业，以及信息传输、软件和信息技术服务业。

---

① 资料来源：《国家统计局关于印发1998年年报劳动统计新增指标解释及问题解答的通知》（国统办字〔1998〕120号）。

② 资料来源：《国家统计局关于印发1998年年报劳动统计新增指标解释及问题解答的通知》（国统办字〔1998〕120号）。

③ 资料来源：《国家统计局关于印发1998年年报劳动统计新增指标解释及问题解答的通知》（国统办字〔1998〕120号）。

表 4 - 22　不同类型企业员工规模及学历情况

| 产业类别 | 标准行业类别 | 企业数量（家） | 平均雇员人数（人） | 本科以上人数占比均值（%） |
|---|---|---|---|---|
| 第一产业 | 农、林、牧、渔业 | 10 | 408 | 27.42 |
| 第二产业 | 采矿业 | 15 | 480 | 21.13 |
| | 制造业 | 375 | 590 | 26.70 |
| | 电力、热力、燃气及水生产和供应业 | 22 | 654 | 36.29 |
| | 建筑业 | 19 | 494 | 40.45 |
| 第三产业 | 房地产业 | 64 | 410 | 47.24 |
| | 交通运输、仓储和邮政业 | 17 | 588 | 24.84 |
| | 金融业 | 9 | 245 | 82.43 |
| | 科学研究和技术服务业 | 10 | 489 | 60.17 |
| | 批发和零售业 | 32 | 405 | 37.89 |
| | 水利、环境和公共设施管理业 | 10 | 601 | 37.48 |
| | 卫生和社会工作 | 1 | 133 | 76.69 |
| | 文化、体育和娱乐业 | 18 | 550 | 58.82 |
| | 信息传输、软件和信息技术服务业 | 61 | 530 | 57.64 |
| | 住宿和餐饮业 | 2 | 339 | 4.89 |
| | 综合 | 13 | 418 | 44.66 |
| | 租赁和商务服务业 | 17 | 506 | 47.34 |

数据来源：根据上市公司年报数据整理。

## （二）显著因素分析

描述性分析可以了解上市企业的企业情况、人工成本情况以及雇员情况。为了进一步明确各项因素与社会保险缴费之间的关系，本书选取实际控制人类型、净利润率、人均薪酬水平、法定缴费率水平以及本科以上人数占比五个要素，进行假设检验，观察这些要素与社会保险缴费率之间是否存在显著相关性。

1. 实际控制人的类型

本书按照实际控制人的类型进行数据分组，并根据表 4 - 23 分组数据情况建立假设。

原假设 $H_0$：3 种实际控制人类型的社会保险费率无差异。

表 4 - 23　实际控制人类型

| 第一组 | 国有法人 |
|---|---|
| 第二组 | 非国有法人 |
| 第三组 | 境外法人及其他 |

备择假设 $H_1$：3 种实际控制人类型的社会保险费率存在差异。

结论：由方差分析结果 F = 22. 55388 > F 0. 05 = F crit = 3. 008739（见表 4 - 24、表 4 - 25），可知 3 种实际控制人类型的社会保险费率差异显著。

表 4 - 24　数据摘要

| 组 | 观测数 | 求和 | 平均值 | 方差 |
|---|---|---|---|---|
| 1 | 160 | 19. 235300 | 0. 120221 | 0. 002367 |
| 2 | 508 | 46. 522480 | 0. 091580 | 0. 002111 |
| 3 | 27 | 2. 736744 | 0. 101361 | 0. 003384 |

表 4 - 25　方差分析

| 差异源 | SS | df | MS | F | P - value | F crit |
|---|---|---|---|---|---|---|
| 组间 | 0. 100033 | 2 | 0. 050017 | 22. 55388 | 3. 24E - 10 | 3. 008739 |
| 组内 | 1. 534611 | 692 | 0. 002218 | | | |
| 总计 | 1. 634644 | 694 | | | | |

该检验结果表明，国有法人控制的公司的社会保险缴费率水平最高，反映出国有中小企业对社会保险制度的执行情况更为严格。所有制形式是影响中小企业参保行为最为显著的要素。

2. 净利润率

根据表 4 - 26 分组数据情况建立假设。

原假设 $H_0$：4 种净利润水平的企业社会保险费率无差异。

备择假设 $H_1$：4 种净利润水平的企业社会保险费率存在差异。

113

表 4 – 26  净利润率水平

| 第一组 | 净利润率 < 0% |
|---|---|
| 第二组 | 净利润率 < 10% |
| 第三组 | 净利润率 [10%，20%] |
| 第四组 | 净利润率 > 20% |

结论：由方差分析结果 $F = 4.1424015 > F\ 0.05 = F\ crit = 2.617792866$（见表 4 – 27、表 4 – 28），可知 4 种净利润水平的企业社会保险费率存在差异，但差异并不显著。

表 4 – 27  数据摘要

| 组 | 观测数 | 求和 | 平均 | 方差 |
|---|---|---|---|---|
| 1 | 101 | 10.80966 | 0.107026 | 0.00325100 |
| 2 | 248 | 25.79763 | 0.104023 | 0.00272217 |
| 3 | 154 | 14.26685 | 0.092642 | 0.00184322 |
| 4 | 192 | 17.62037 | 0.091773 | 0.00170826 |

表 4 – 28  方差分析

| 差异源 | SS | df | MS | F | P – value | F crit |
|---|---|---|---|---|---|---|
| 组间 | 0.028879 | 3 | 0.009626 | 4.1424015 | 0.00634687 | 2.617792866 |
| 组内 | 1.605765 | 691 | 0.002324 | | | |
| 总计 | 1.634644 | 694 | | | | |

该结论表明，中小企业参保行为受经济能力的影响较小，因为在不同净利润率区间中，企业的平均社保缴费率十分接近。

3. 人均薪酬水平

参考北京市社会平均工资水平，本书按照人均薪酬水平进行数据分组。

根据表 4 – 29 分组数据情况建立假设。

原假设 $H_0$：不同人均薪酬的企业社会保险费率无差异。

备择假设 $H_1$：不同人均薪酬的企业社会保险费率存在差异。

**表 4 – 29　人均薪酬水平**

| 第一组 | 人均薪酬 < 10 万元 |
|---|---|
| 第二组 | 人均薪酬 ≥ 10 万元 |

结论：由方差分析结果 F = 2.436923 < F 0.05 = F crit = 3.854912（见表 4 – 30、表 4 – 31），可知不同人均薪酬与企业社会保险费率不存在相关性。

**表 4 – 30　数据分析**

| 组 | 观测数 | 求和 | 平均 | 方差 |
|---|---|---|---|---|
| 1 | 430 | 43.34700 | 0.100807 | 0.002463 |
| 2 | 265 | 25.14751 | 0.094896 | 0.002168 |

**表 4 – 31　方差分析**

| 差异源 | SS | df | MS | F | P – value | F crit |
|---|---|---|---|---|---|---|
| 组间 | 0.005728 | 1 | 0.005728 | 2.436923 | 0.118965 | 3.854912 |
| 组内 | 1.628916 | 693 | 0.002351 | | | |
| 总计 | 1.634644 | 694 | | | | |

该结果表明，企业的社会保险缴费率与职工人均薪酬之间没有相关性。2016 年，参保企业的人均月缴费基数区间是 2015 年北京市社会平均工资的 60% ~ 300%。因此，人均薪酬高于 2015 年社会平均工资 3 倍的部分不纳入缴费基数，人均薪酬高的企业，其社会保险费占比要低于人均薪酬低的企业。

4. 法定缴费率水平

在考察企业的社会保险负担水平时，本书引入了对不同法定缴费率的考察。根据数据搜集，福建、浙江、广东等地区的养老保险缴费率较低，不足 19%；其他地区的养老保险缴费率多为 19%。

根据表 4 – 33 数据分析情况建立假设。

原假设 H₀：不同法定缴费率地区的企业社会养老保险费率无

差异。

备择假设 $H_1$：不同法定缴费率地区的企业社会养老保险费率存在差异。

表 4 – 32　法定缴费率的水平

| 第一组 | 养老保险缴费率 < 19% |
|---|---|
| 第二组 | 养老保险缴费率 > 19% |

结论：由方差分析结果 $F = 69.3251 > F\ 0.05 = F\ crit = 3.854912$（见表 4 – 33、表 4 – 34），不同法定缴费率地区的企业养老保险费率存在差异。

表 4 – 33　数据分析

| 组 | 观测数 | 求和 | 平均 | 方差 |
|---|---|---|---|---|
| 1 | 214 | 16.39823 | 0.076627 | 0.001314 |
| 2 | 481 | 52.09629 | 0.108308 | 0.002513 |

表 4 – 34　方差分析

| 差异源 | SS | df | MS | F | P – value | F crit |
|---|---|---|---|---|---|---|
| 组间 | 0.148653 | 1 | 0.148653 | 69.3251 | 4.45E – 16 | 3.854912 |
| 组内 | 1.485991 | 693 | 0.002144 | | | |
| 总计 | 1.634644 | 694 | | | | |

上述数据表明，不同的法定缴费率对企业实际的养老保险缴费率存在显著影响。2019 年 3 月 26 日，国务院总理李克强主持召开了国务院常务会议，落实降低社会保险费率的部署，自 2019 年 5 月 1 日起，各地城镇职工基本养老保险的单位缴费比例从 2016 年规定的 19% 可以继续降低到 16%。经过上述数据验证，该项举措确实能够降低企业的实际缴费率。

5. 学历因素

本书依据本科以上人数占比进行数据分组，并根据表 4 - 35 的分组数据情况建立假设。

原假设 $H_0$：本科以上人数占比不同的企业社会保险费率无差异。

备择假设 $H_1$：本科以上人数占比不同的企业社会保险费率存在差异。

表 4 - 35　本科以上人数占比分组

| 第一组 | < 20% |
|---|---|
| 第二组 | 20% ~ 40% |
| 第三组 | 40% ~ 60% |
| 第四组 | > 60% |

结论：由方差分析结果 F = 3.906147 > F 0.05 = F crit = 2.617793（见表 4 - 36、表 4 - 37），本科以上人数占比不同的企业社会保险费率存在差异。

表 4 - 36　数据分析

| 组 | 观测数 | 求和 | 平均 | 方差 |
|---|---|---|---|---|
| 1 | 225 | 23.26377 | 0.103395 | 0.002877 |
| 2 | 196 | 20.31859 | 0.103666 | 0.002753 |
| 3 | 132 | 12.2493 | 0.092798 | 0.001768 |
| 4 | 142 | 12.66286 | 0.089175 | 0.001379 |

表 4 - 37　方差分析

| 差异源 | SS | df | MS | F | P - value | F crit |
|---|---|---|---|---|---|---|
| 组间 | 0.027259 | 3 | 0.009086 | 3.906147 | 0.00877 | 2.617793 |
| 组内 | 1.607385 | 691 | 0.002326 | | | |
| 总计 | 1.634644 | 694 | | | | |

该结果表明，企业的员工构成对企业参保行为存在影响，特别是当前就业人员流动性高、就业形式灵活，企业必须充分考虑员工的诉求，才能使企业在人才市场获得竞争优势。

## （三） 中小企业参保行为的调查案例

张士斌（2010）指出，拉美国家在实行养老金制度改革之后，缴费人口出现了下降趋势，拉美国家总体养老保障的覆盖率从改革前的38%下降到了2002年的27%，非正规部门养老保障的参与率则从1980年的66.7%下降到了2002年的33.3%。此外，发展中国家还面临养老保险逃费的难题。20世纪80年代，巴西的逃费率达到60%；20世纪90年代，阿根廷的逃费率达到49%，秘鲁达到33%，智利低收入雇员的逃费率则高达55%，拉美国家的逃费率普遍在40%~50%。非正规就业者和自雇者多不愿或者没有能力缴纳养老保险。

2011年，北京市人力资源和社会保障局对用人单位遵守劳动用工和社会保险法律法规情况开展专项执法大检查活动，从检查结果看，北京部分中小企业存在参保不遵从行为。

本书拟将部分企业作为案例，说明参保不遵从行为的具体表现。这些案例均为真实的案例，是笔者在工作中获得的信息并进行归纳总结的。根据北京市相关规定，企业若要建立企业年金，必须在社保部门开具按时足额缴纳社会保险费用的证明，才可向社保部门申请批复企业年金方案。经过多年业务实践，笔者搜集了317家签订企业年金合同的企业信息，其中164家企业无法开具按时足额缴费证明（见表4-38），并存在不同程度的参保不遵从行为。本书挑选其中的一些典型案例，对其采用结构分析法进行案例分析，旨在说明如何分析和识别企业的逃费行为。

### 表4-38　企业缴纳社会保险的情况

单位：家

| 行业 | 未能开具按时足额缴费证明 | 能够开具按时足额缴费证明 | 总计 |
|---|---|---|---|
| 文化、体育和娱乐业 | 13 | 39 | 52 |
| 科学研究、技术服务和地质勘查业 | 32 | 16 | 48 |
| 批发和零售业 | 26 | 22 | 48 |
| 租赁和商务服务业 | 20 | 15 | 35 |
| 制造业 | 14 | 14 | 28 |
| 公共管理和社会组织 | 2 | 21 | 23 |
| 房地产业 | 8 | 6 | 14 |
| 住宿和餐饮业 | 14 | 0 | 14 |
| 信息传输、计算机服务和软件业 | 13 | 7 | 20 |
| 建筑业 | 7 | 1 | 8 |
| 居民服务和其他服务业 | 4 | 2 | 6 |
| 交通运输、仓储和邮政业 | 3 | 5 | 8 |
| 金融业 | 2 | 1 | 3 |
| 电力、热力、燃气及水的生产和供应业 | 1 | 1 | 2 |
| 教育 | 2 | 0 | 2 |
| 采矿业 | 0 | 1 | 1 |
| 金融业 | 0 | 1 | 1 |
| 卫生、社会保障和社会福利业 | 1 | 0 | 1 |
| 未知名称 | 2 | 1 | 3 |
| 总计 | 164 | 153 | 317 |

#### 1. A企业参保行为的案例分析

本书选取的样本企业A是一家转制经营性文化事业单位，主营业务是出版发行，目前处于改制后的企业所得税免征期。员工规模300人，年人均薪酬约为8万元。

在转制过程中，A企业进行社保登记，通过改变部分薪酬的发放形式，做低缴费基数，以达到少缴基本养老保险费的目的。由于经营管理层与员工都有未来养老的迫切需求，企业又建立了企业年金制度，一方面"补足"员工未来的退休金，另一方面"节约"企业在养老保险缴费方面的成本。

A 企业的做法存在的问题在于未能充分了解国家关于基本养老保险政策的规定。在转制过程中做低缴费基数，将严重影响员工未来的养老待遇。根据《关于实施〈北京市基本养老保险规定〉过程中若干问题处理办法的通知》（京劳社养发〔2007〕31 号）规定个人账户补贴额计算公式如下。

$$Z_{\text{补贴}} = \{[(C_{1992}/12 \times 3) + C_{1993}] \times 2\% +$$
$$[C_{1994} + C_{1995} + C_{1996} + C_{1997} + (C_{1998}/2)] \times 5\% +$$
$$[(C_{1998}/2) + C_{1999} + C_{2000} + \cdots + C_{2005}] \times$$
$$11\% + [C_{2006} + C_{2007} + \cdots + Cn] \times 8\%\} \times Z_{\text{实指数}}$$

其中"$Z$ 实指数"明确为转制登记时的缴费基数，这意味着如果转制企业做低缴费基数，那么，$Z_{\text{补贴}}$ 额将会大幅降低，即员工的个人账户积累额将大幅减少。

A 企业是转制企业，刚刚加入基本养老保险制度，因此社保部门缺乏该企业的缴费历史记录，这导致在稽核的过程中缺少相关数据的支持，让 A 企业获得了按时足额缴纳基本养老保险的证明，从而"顺利"建立企业年金制度。

2. B 企业参保行为的案例分析

B 类型企业是指个体工商户、合伙制企业的群体。这类企业多属于小微企业，员工规模在 10 人以下，人均薪酬不稳定。该类企业享受政策给予的税收优惠，即减半征收应纳税所得额从 6 万元提高到 10 万元；提高增值税和营业税起征点至 2 万元；增值税小规模纳税人的征收率由以前的 6% 和 4% 降至目前的 3%；在营业税改征增值税中，由以前缴纳 5% 的营业税，改为缴纳 3% 的增值税。

这类型企业不参加社会保险的情况比较普遍，原因在于这些企业员工流动性强、劳动合约关系松散、平均收入较低，往往缺乏缴纳社会保险金的能力，也难以达到连续缴费满 15 年领取养老金的资格条件。

此类型企业中小企业的寿命在 3~7 年，利润微薄，职工具有较大的流动性，雇主错误地认为缴纳社会保险对企业和职工都不"划算"。因此，雇主就会选择不参加社会保险。这些企业经营场地大多不固定，加大了稽查的难度，社保部门缺乏有效手段加大对其征缴的力度，让这些企业钻了政策的空子，导致此类型企业不主动参加社会保险行为的增加。

3. C 企业参保行为的案例分析

C 企业主营业务为家政服务，采用佣金制与家政人员建立事实劳动关系，员工规模不稳定，约为 50 人左右。每月企业收取家政服务佣金，扣取一定比例作为管理费用，其余金额支付给家政人员。此类企业一般不与家政人员签订劳动合同，其也就不会为家政人员缴纳基本养老保险。

该企业以家政人员多属于农村劳动人口为由，不给其缴纳基本养老保险，严重损害了上述人员的退休待遇。

事实上，该企业也未充分了解北京市相关政策。根据《北京市人民政府办公厅关于鼓励发展家政服务业（"家七条"）的意见》，经认定符合条件的员工制家政服务企业，在与家政服务员签订的劳动合同期限内，按照"先缴后补，一年一补"的原则，享受养老保险、医疗保险、失业保险补贴；补贴标准为企业实际缴纳社会保险费的 50%，补贴期限不超过 5 年，所需资金按照国家有关规定由失业保险基金列支。对符合享受中小企业发展专项资金补助条件的员工制家政服务企业，给予不超过 200 万元的一次性专项补贴；给予符合条件的员工制家政服务企业一定期限（3 年）免征营业税的支持政策。

该企业如果遵守劳动法规定，与员工签订劳动合同，并报员工制家政服务企业认定，那么该企业既可以享受社会保险费补贴，又可以享受一次性专项补贴，这对企业和员工而言才是双赢的结果。

4. D 企业参保行为的案例分析

D 企业是一家转制的集体企业，由于连年亏损，欠发职工工资和欠缴社会保险费，所以采用自愿参股的方式改制建立股份合作制企业。转制方案中未明确原企业欠发职工的工资和欠缴的社会保险费如何处理，从而形成了转制遗留问题。

根据《中华人民共和国劳动法》规定，"工资应当以货币形式按月支付给劳动者本人"，不得克扣或者无故拖欠劳动者的工资；"用人单位和劳动者必须依法参加社会保险，缴纳社会保险费"。因此，企业在改制时，应在转制方案中明确员工的薪酬和社会保险事项，签订劳动合同，并予以落实。原集体企业转制为股份制企业的，应按原企业全部在册职工和离退休人员对欠缴社会保险费进行必要的扣除。原企业离退休人员、工伤致残人员的医疗费用等可折算成相应金额在净资产中扣除，欠发的职工工资、尚未报销的医药费和欠缴的各项社会保险基金等可在净资产出售所得收入中一次性补足。

5. E 类型企业参保行为的案例分析

E 类型企业是指一类瞒报社会保险缴费工资总额的企业群。该类型企业较为普遍，员工规模、行业类型各不相同，但共同的特点是采用不同的方法做低缴费基数，不如实按照企业职工的实际工资总额申报，例如：以政策规定的下限（北京地区社会平均工资的60%）作为缴费基数；只申报基本工资，隐瞒绩效工资、津贴、补贴等。

根据《中华人民共和国企业所得税法实施条例》的规定，工资薪金是指企业每一纳税年度支付给在本企业任职或者受雇的员工的所有现金形式或者非现金形式的劳动报酬，包括基本工资、奖金、津贴、补贴、年终加薪、加班工资以及与员工任职或者受雇有关的其他支出。E 类型企业瞒报缴费工资总额的做法，违反了国家关于工资薪金的相关规定，属于违法行为。

根据《北京市基本养老保险规定》（北京市人民政府令第183

号）第四章第二十三条，基础养老金月标准以本市上一年度职工月平均工资和本人指数化月平均缴费工资的平均值为基数，缴费每满 1 年发给 1%。E 类型企业瞒报缴费基数的行为，拉低养老金待遇计算公式中的"本人指数化月平均缴费工资"的数值，严重损害了在职员工的养老保险权益。

目前，针对中小企业的社保稽核，在时间上是事后监督，在方式上主要依靠企业自主申报财务数据，给广大 E 类型企业很大的"操作"空间，做低社保缴费基数的违法行为很难被及时监管、有效制止。

6. F 类型企业参保行为的案例分析

F 类型企业是指一类驱使员工按照灵活就业人员参保的企业群。因为灵活就业人员的缴费比例为 20%，其中 8% 计入个人账户；所以企业驱使员工按灵活就业人员进行社保缴费，凭票据到单位报销，企业可以节约企业缴费额度的 8%，又可以"游说"员工个人利益未损失，从而达成企业能够"节约"社会保险开支的目的。

如果以企业为单位参加基本养老保险，那么根据《北京市基本养老保险规定》的要求，企业的参保成本如下。第一，城镇职工以本人上一年度月平均工资为缴费工资基数，按照 8% 的比例缴纳基本养老保险费，全额计入个人账户。缴费工资基数低于本市上一年度职工月平均工资 60% 的，以本市上一年度职工月平均工资的 60% 作为缴费工资基数；超过本市上一年度职工月平均工资300% 的部分，不计入缴费工资基数，不作为计发基本养老金的基数。第二，企业以全部城镇职工缴费工资基数之和作为企业缴费工资基数，按照 20% 的比例缴纳基本养老保险费。

F 类型企业钻了灵活就业人员相关制度的"空子"，鼓励员工按照城镇个体工商户和灵活就业人员的标准缴纳社会保险，即以本市上一年度职工月平均工资作为缴费基数，按照 20% 的比例缴纳基本养老保险费，其中 8% 计入个人账户。对于员工支出的这部分费用，企业再以其他形式进行补贴或"报销"。企业自认为采用这种办法，可以有效节约养老保险的总体缴费成本，在缴费基数上，北京市上一年度月平均工资60%以上的部分可以省去；在缴费比例上，企业缴费与员工缴费的比例合计可以省去8%。

同样由于事后监督的滞后性以及自主申报的弱约束性，F类型企业的上述行为很难被监管部门及时发现、有效制止，这种做法在劳动关系松散、人员流动频繁的企业较为普遍。

7. G类型企业参保行为的案例分析

G类型企业是指一类隐藏劳动关系从而减少缴费的企业。该类企业只为少数业务骨干办理社会保险，为了减少缴费，采取招聘退休返聘人员、农民工、临时工、实习生和兼职人员等隐藏劳动关系的方式。

企业自主申报参加养老保险人员的做法，促使该类企业隐瞒真实人员信息或故意寻找实习生、退休返聘人员以及兼职人员等。由于社保部门对征缴情况的检查多采用事后稽核的方式，该类型企业的总体缴费金额较小，难以成为社保部门的重点检查对象，该类型企业存在侥幸心理，钻制度的"空子"。

根据上述案例的分析总结，企业参加基本养老保险的不遵从行为，集中表现在不登记参加养老保险、瞒报参保人数、做低缴费基数、违规按灵活就业人员参保等方面。企业之间是相互影响的，部分企业本意并不想逃避缴费，但如果看到别的企业违法逃费行为没有得到应有的处罚，那么，就会影响到自身的参保意愿。从众行为会导致整个社会的中小企业参保意识淡薄。如果不能及时研究并加以治理，政府为此要付出更高的监管成本，进而造成征收成本的上升和征管效率的下降。

# 三　小结

## （一）宏观经济分析

从宏观经济的角度出发，根据统计数据对中小企业参保情况进行分析，可以得出以下几方面结论。

第一、参保人员大多为中小企业就业人员。根据 2017 年末数据统计，在全国城镇就业人口中，城镇私营单位与城镇个体的总占比超过 50%，是所有企业类型中的主力军，也是登记参加社会保险的主力军。

第二、私人控股的中小企业是参加社会保险的主力军。从总体法人单位数量来看，私人控股、港澳台商控股、外商控股的企业数量攀升，而国有控股、集体控股的企业数量减少。综合上一条，无论是从参保人员还是参保企业来观测，私人控股的中小企业都是参加社会保险的主力军。

第三、社会保险费对私人控股中小企业员工的边际影响更大。根据工资收入增长率分析，国有单位、股份合作单位、港澳台商投资单位的收入增幅靠前，将进一步拉开与私人控股企业的收入差距。面临当期收入与养老储备的抉择，社会保险费的缴纳对私人控股企业员工的边际影响更大，可能会引起员工出于生存考虑的逆向选择。

第四、社会保险基金统筹情况良好，但中小企业生存时间对社会保险稳定性产生了较大影响。根据中小企业生存情况统计，存续时间 5 年以下的企业占统计企业总量的 49.4%。如何平衡社会责任与自身生存，是中小企业面临的难题，也是社会保险制度亟须解决的难题。

第五、区域间社会保险领域"城乡二元结构"问题存在差异。截至 2017 年末，我国城镇化率约 58.5%，通过分地区的城镇人口分析，可以观测城镇化水平：直辖市最高；东部经济发达地区次之；中部地区再次之，西部地区最低。不同地区的中小企业员工，都面临不同程度"城乡二元结构"的问题。

## （二）调研数据分析结论

在调研数据部分，本书选取沪深两市的 695 家中小企业，对其

2007～2016 年的数据进行分析，探求参保行为的异同点。

描述性统计分析从企业基本情况、人工成本情况、雇员情况三个维度对行业类型、所有权结构、利润情况、雇员规模、劳动力成本、社会保险信息工作、保险费率、社会保险缴费基数、员工结构、教育程度 10 个因素进行全面分析。

总体而言，北京地区上市的中小企业业态丰富，覆盖国有法人、境内非国有法人、自然人三种实际控制人的类型，利润情况体现了市场竞争的激烈程度。

通过描述性分析可以了解北京地区上市企业的企业情况、人工成本情况以及雇员情况。为了进一步明确各项因素与社会保险缴费之间的关系，本书选取五个要素，进行假设检验。其中，实际控制人类型是影响社会保险缴费率最为显著的因素，净利润率、人均薪酬水平、法定缴费率水平以及本科以上人数占比虽影响社会保险费率，但不显著。

与本书的分析结论相类似的有李艳华（2006）通过访谈、问卷调查发现，中国企业社会责任表现是七因素的结构，即员工保障、企业管理、贸易责任、客户责任、社区责任、环境责任、股东权益。企业管理责任表现、社区责任表现均对潜在求职者群体感受到的组织吸引力、企业声望有显著的影响。企业管理责任表现好坏比社区责任表现好坏对潜在求职者的组织吸引力影响更大。

为剖析北京市中小企业参保行为的深层次原因，下文将从政府、行业竞争者、员工三个最关键的利益相关者视角展开分析。

# 第五章　利益相关者分析之一：
## 政府与企业参保行为

　　弗里德曼（Freeman，1984）指出，企业是一个由私人财产关系构成的制度。公司经理是公司股东的雇员，他的责任是根据股东的意愿经营，在遵守社会基本准则的前提下赚钱越多越好。尽管上述理论受到质疑，但20世纪80年代提出的利益相关者理论从根本上把弗里德曼理论中的社会基本准则作为实现股东利益最大化的诸多约束条件。关于利益相关者，除了股东利益之外，还包括公司内外的其他方面，包括：雇员、客户和用户、工会、监管机构、合作伙伴、供货商和政府。

　　在上述理论中，政府是企业面对的最重要的利益相关者，政府对公司的经营能产生很大影响。从这个理论视角出发，政府是社会利益的保护人，对企业行为进行监督，以保证企业在满足自身利益最大化的同时，不至于损害社会其他群体乃至社会整体的利益（Robertson & Nicholson，1996；Carroll，1996）。

　　在社会保险方面，政府作为企业的重要利益相关者，强制所有雇主必须向雇员提供社会保险，为社会项目提供政府资助，明确雇主缴费的规则，设计与雇佣相关的社会保险待遇。通过上述手段，政府通过社会保险实现二次分配。

　　我国的社会保障制度经历了由家庭保障的传统制度到计划经济时代单位统包的保障体制，而后在计划经济体制向市场经济体制转型的过程中，由社会保险、社会福利、社会救助构成的新型社会保障制度随之出现了。

2013 年 11 月，中国共产党第十八届中央委员会第三次全体会议审议通过了《中共中央关于全面深化改革若干重大问题的决定》。会议提出，要建立更加公平、可持续的社会保障制度。社会保障制度在国家层面获得了重视与认可，在明确制度建设目标的基础上，仍然需要贯彻制度安排和实施方案，这样才能确保实现政策目标。

在制度安排和实施方案方面，政府作为主体值得关注与探究。公共选择理论认为，在公共活动中，政府与市场主体一样，都受理性条件的约束，受经济性的驱动。作为单独的主体，中央与地方政府也将表现出不同的偏好，做出不同的选择。特别是在经济转型时期，由于经济变革引发的社会变革，要求政府在社会公共事务中进行变革式管理，相应地，其在社会保障领域中的管理职能也发生了变化。

# 一 政府行为的深层次原因

政府的行为主要受到制度设计理念、财税制度以及部门职能划分等因素的影响。在计划经济向市场经济转变的过程中，受到上述因素的影响，我国政府在经济发展与社会保障之间，更重视经济发展。

## (一) 政府社会保险制度设计理念

我国作为东亚国家的典型，在社会保险制度设计理念方面与其他东亚国家存在共通性。在经济发展的初期，大部分东亚国家都比较重视经济增长，实行低福利政策，为经济发展节约再投资的资源。

### 1. 经济优先战略与生产性福利

在地理上，东亚国家主要包括中国、日本、韩国、蒙古、朝鲜五个国家。自 20 世纪以来，日本、韩国、中国先后实现了经济的快速发展，中日韩在国际政治生活中的参与度与认同度进一步提升。伴随着经济社会的发展，东亚国家的民生问题也受到越来越多学者的关注。

从现代发展角度出发，东亚国家在经济发展程度上处于发达、发展中不同阶段；在政治制度上有资本主义政治制度与社会主义政治制度；在社会分层结构上分为成熟的"橄榄型"及相对动荡的"金字塔型"；若综合考虑其民生问题，似乎无从下手，但从历史文化角度出发，东亚国家没有赫拉克利特（Heraclites）或普罗塔哥拉（Protagoras），没有文艺复兴、启蒙运动或者法国大革命，但有儒家思想、道教和佛教，东亚国家普遍的价值观是对国家忠诚，对权威、政府、父母、长辈和老师尊敬和服从，因而东亚国家的社会福利发展必然受到其文化的影响，从而在制度设计上遵循相似的规律。

郑功成教授（2009）认为东亚国家，除日本以外，普遍奉行经济增长优先与低福利政策的发展战略，一直追求高经济增长而忽略社会福利的改善，长期将发展经济视为重中之重，注重储蓄与经济发展，以小规模的社会福利公共开支作为其发展经济的优势。

2. 对社会保障制度设计的影响

总体而言，经济优先主义对我国社会保险制度最为直接的影响在于政府重视经济发展。

（1）传统文化影响下的东亚社会保障制度安排特征

在东亚地区，以家庭为中心的宗法观念、"孝悌"观念在现代社会生活中仍产生着普遍的影响。与西方国家强调家庭代际的自主观念不同，东方国家较多依赖家庭纽带维系代际的抚养和赡养关系。东亚国家、地区之所以未像西方国家那样建立起普遍的家庭津贴制度，正是因为强调家庭传统的赡养功能，或者说忽视社会对家庭的扶助责任的结果。家庭保障功能的延续，降低了公众对社会的公共需求程度，也减轻了政府的福利供给压力。例如，社会保障在韩国长期得不到发展的一个主要原因，在于韩国具有儒教文化和农耕社会的传统，建立"家庭般的社会"被当作理想的福利模式，认为社会成员的保障主要是家庭的责任。

（2）经济发展战略

郑功成（2009）指出最近几十年间，亚洲大多数国家的经济都在持续快速增长，而社会福利制度却进展缓慢，国民福利依然处于低水平状态。

根据表3-5各国在公共开支方面的数据比较，韩国的总公共支出占GDP的10.1%，与日本的23.1%形成较大的差距，也严重落后于瑞典、德国、美国。在社会发展的过程中，经济增长优先与低福利政策取向的直接后果，是社会福利支出严重偏低，对国民福利保障严重不足。

## （二）中央、地方政府财税制度

在我国，中央、地方政府分税财政制度，实质上，是地方政府承担着社会保险运行管理的财政责任。相伴随的是，地方政府拥有很大的行动空间。尽管中央政府已经意识到社会发展的重要意义，并且十八届三中全会公报强调建立更加公平、可持续的社会保障制度，但是中央政府的社会公平目标能否在地方政府的社会保障建设中得以实现，还有赖于政府治理结构对地方政府的激励是否有效。新闻报道称，某些地方政府从短期的经济利益出发，认为依法参加养老保险和招商引资、改善投资环境是对立的，限制社会保险机构对这些企业进行扩面工作；某些地方甚至把免除参加社会养老保险当作招商引资的优惠条件（解本友，2005）。

1. 地方财政水平差异产生的影响

在中央、地方政府分税财政制度下，地方政府通过财政包干和分税制与中央政府分享地方的财政收入。中央政府对地方政府的考核则是垂直的管理体制，激励、考核的措施是重经济发展轻社会发展，将地方官员的升迁与当地经济增长绩效挂钩。这种方式过于偏重激励地方政府官员重视经济增长。在考核政策的引导下，地方政府作为当地经济发展的责任人，在经济发展与社会保险发展中，自然更倾向经济发展。

在经济发达地区，地方政府会更加重视社会保险的发展，加大社会保险的宣传力度，加强社会保险财力、人力方面的建设，完善社会保险的监督约束机制以及稽核机制，一方面对企业的参保行为监管更加有力，规避企业的道德风险，另一方面清理历史遗留问题，对欠费、逃费的企业加大稽核力度。

以北京市为例，从市统计局公布的 2011～2017 年社会保险基金统筹情况可以看出，各项险种的收入支出情况均衡，略有结余，财政负担能力可持续发展。北京市人力资源和社会保障局基金监督部门，每年对社会保险开展稽核工作，抽样选取企业进行缴费稽查，杜绝欠费、逃费行为。

在经济欠发达地区，地方政府在 GDP 考核压力下，高度关注经济增长，甚至将社会保险视为经济增长的阻碍。以招商引资为例，部分地方政府会放松对投资方的监管，忽视企业缴纳社会保险的不遵从行为，达到降低企业雇佣成本、提升区位优势的目标。最终导致社会保险的"逐底竞争"局面的出现，只求经济增长，忽略了经济社会和谐发展的目标（彭宅文，2009）。

2. 中央财政的激励约束机制

养老保险的基金征缴以省为单位，受到经济发展不均衡、赡养比差异的影响，各地区的养老保险财政状况参差不齐。为了平衡全国的基金状况，中央财政对养老保险实行纵向、横向转移支付，纵向转移支付是指中央政府的直接补贴，横向转移支付是指省际的调剂制度。转移支付的存在，导致地方政府的征缴积极性降低。中央政府转移支付的初衷可能被扭曲，平衡地区财政收支的效果也可能"大打折扣"。要解决上述问题，必须从激励约束机制入手，提升地方政府的积极性（彭宅文，2010）。

### （三） 部门改革对社会保险的冲击

养老保险制度不仅受到经济因素的影响，也受到政府体制改革的影响。目前，国家机关、事业单位仍然施行公务员退休金制度，以事业单位改制为例，大量事业单位从业人员加入城镇职工基本养老保险制度，对制度整体运营将产生巨大的影响。

国务院在 2003 年和 2008 年分别下发《国务院办公厅关于印发文化体制改革试点中支持文化产业发展和经营性文化事业单位转制为企业的两个规定的通知》（国办发〔2003〕105 号）和《国务院办公厅关于印发文化体制改革中经营性文化事业单位转制为企业和支持文化企业发展两个规定的通知》（国办发〔2008〕114 号），要求以出版社为主的文化事业单位转制为企业。

按照政策规定，转企单位的社会保险遵守以下流程：一是社保登记，与新建立企业相同，转企单位以工商注册为时间节点，在次月按新增企业参加社会保险；二是社保政策，跟随转企单位加入基本养老保险的人员，符合国家规定的连续工龄，直接视同缴费年限，不再补缴社会保险费；三是待遇领取，转企单位人员的退休待遇同企业办法相同；四是过渡期政策，将转制后五年内退休人员纳入过渡期政策，综合比较原制度退休金与新政策退休金，差额部分由统筹资金支付补贴，并逐年递减补贴，实现平稳过渡。

根据上述政策，转企单位人员加入基本养老保险将给统筹基金带来资金补贴（个人账户的补贴和过渡期补贴）的压力。基本养老保险必须承担政府体制改革的成本，这对社会保险的经济负担平衡将产生较大的冲击。

## 二　政府行为影响下的社会保险制度安排

根据公共选择理论，在社会活动中，政府的决策具备"经济人"理性的特征。不同层级的政府的管理范围与管理层次都有相应差异，管理行为受到价值取向和目标的影响。政府行为将影响企业参加社会保险的全流程，主要影响环节包括：建账、筹资、缴费、投资、待遇设计与支付以及就业促进及劳动保护方面的激励措施。

## （一）建账环节

国家法规对企业参加社会保险的建账登记工作均有明文规定。

1999 年，国务院出台《社会保险费征缴暂行条例》，原劳动和社会保障部制定了《社会保险登记管理暂行办法》，规定从事生产经营的缴费单位自领取营业执照之日起三十日内、非生产经营性单位自成立之日起三十日内，应当向当地社会保险经办机构申请办理社会保险登记。登记事项包括：单位名称、住所、经营地点、单位类型、法定代表人或者负责人、开户银行账号以及国务院劳动保障行政部门规定的其他事项。

2010 年我国颁布实施的《中华人民共和国社会保险法》第七章第五十七条规定，用人单位应当自成立之日起三十日内凭营业执照、登记证书或者单位印章，向当地社会保险经办机构申请办理社会保险登记。社会保险经办机构应当自收到申请之日起十五日内予以审核，发给社会保险登记证件。工商行政管理部门、民政部门和机构编制管理机关应当及时向社会保险经办机构通报用人单位的成立、终止情况，公安机关应当及时向社会保险经办机构通报个人的出生、死亡以及户口登记、迁移、注销等情况。

然而在具体操作中，工商管理部门负责核实企业开户信息，公安部门负责核实居民户籍信息，人力资源和社会保障部门负责征缴社会保险费用，各部门的信息管理系统无法连通使用，没有有效手段及时核查缴费记录。因此，在企业是否按时进行社会保险登记的事项上，人力资源和社会保障部门缺乏事前、事中的控制手段，只能依靠不定期稽核抽查、职工劳动争议举报等事后监督手段，效率很低。在加强建账企业管理的方式上，北京市积极推进社会保险"统一征缴、一单托收"改革试点工作，在总结经验的基础上，研究制定工作程序和工作规范，已经实现养老保险、失业保险和工伤保险"三险合一、一单托收"。随着社会保险政策与经办业务流程以及信息系统的不断完善，择机实现养老保险、医疗保险、失业保险和工伤保险"四险合一"。北京市人力资源和社会保障部门有效地从源头控制，督促依法登记的企业参加全部社会保险项目，有效避免了参保项目不全的现象。

### （二）筹资环节

在经济高速增长的同时，我国政府在社会保障领域中的角色经历了一个逐步退出和改变参与形式的过程，导致经济与社会发展失调。

基本养老保险制度中的"转制成本"或"显性化的隐性债务"问题一直受到高度关注。转制成本的根源在于长期实行的现收现付养老保险制度转变为社会统筹和个人账户相结合的部分积累制度所产生的代际责任真空。目前关于这一成本的统计缺乏统一的口径和标准，各种测算结果之间差距很大，但通过各种测算可以得到一个明确的结论，即中国养老保险的转制成本非常高。据世界银行分析，中国养老保险的转制成本高，但如此高的政府负债在政府资产负债表中却没有相应的资产予以平衡，养老保险改革的转制成本悬置，这就造成政府养老保险负债的清偿能力严重不足，成为养老保险和国有企业改革的一大隐患（世界银行，1996）。

1. 引入固定收益制（DB）与固定缴费制的差异（DC）

第二次世界大战后，OECD 国家普遍经历了人口出生率高、经济快速恢复发展的黄金时期，养老金制度的赡养比低，养老负担轻。随着第二次世界大战后出生潮的这代人开始进入老龄期，社会人口结构巨变，待遇确定型的固定收益制模式引发公共财政危机，而缴费确定型的固定缴费制模式则经历了老年人退休金积累不足的贫困危机。

固定收益制与固定缴费制的差异也体现在养老金待遇的计算

标准方面。部分国家的养老金待遇与就业记录密切相关，被称为"收入相关型"（ER），反之则是"非收入相关型"（Flat System），由此形成四种不同的筹资情况：一是收入相关型固定收益制模式，待遇的确定标准是劳动收入与工薪税，养老金的替代率是可以预知的；二是非收入相关型固定缴费制模式，待遇的确定标准是宏观经济与公共财政，待遇确定但每一期的筹资是变化的；三是收入相关型固定缴费制模式，工资与养老金缴费呈正比，缴费确定但养老金待遇的替代率是未知的；四是非收入相关型固定缴费制模式，缴费确定但与工资收入不相关，养老金待遇在不同收入档次的人群中进行均衡配置。

2. 引入"艾伦条件"

一旦我们允许个人间的"非同质性"，在现收现付体系中是否存在代内再分配的问题就产生了。标准的"艾伦条件"并未提及这一点。本书讨论两种不同的固定缴费制现收现付体系，第一种是不存在代内再分配的收入相关型，第二种是退休者领取等额养老金的非收入相关型，这两种体系分别产生各自的"艾伦条件"，进而讨论固定收益制的现收现付体系。另外，如果允许工资率、劳动参与率产生差异，收入相关型与非收入相关型的差别就会出现，它们也会产生各自的"艾伦条件"。

（1）标准的"艾伦条件"

"艾伦条件"比较的是基金制与现收现付制养老保险体系的回报率。① 我们考虑的是在一个迭代模型中假设人们经历两个阶段，第一阶段人们在工作，第二阶段人们退休。艾伦（1966）假设经济处于稳定状态（如人口、工资增长速度恒定）。这个假设会在后面有所放宽。如果经济处于稳定状态（个人之间不存在"非同质性"），固定收益制与固定缴费制现收现付养老保险体系的回报率是相同的，那么只有一种"艾伦条件"。

_____

① 在实际回报率的基础上进行的分析。

将个人从基金制体系得到的回报率定为市场利息率，即 $1 + r$。现收现付体系的回报率是由收益与缴费的比例决定的，即 $q/p$，其中 $q$ 表示替代率（如退休收入占年轻时净收入的比重），$p$ 表示年轻人对现收现付体系的缴费。假设现收现付体系下收支平衡，那么政府在 $t$ 时期面临以下预算约束：

$$w_t N_t q = (1 + \gamma) w_t (1 + n) N_t p \qquad (1)$$

其中 $w_t$ 表示 $t$ 时期的工资率，$N_t$ 表示 $t$ 时期年轻人的人数，$(1 + \gamma)$ 表示一个时期过渡到另一个时期的工资增长率，$(1 + n)$ 表示一个时期过渡到另一个时期的人口增长率。式（1）的等号左边部分表示政府对当前老年人的养老金负担义务，等号右边部分表示年轻一代对养老保险的全部缴费额。从式（1）中可以得出 $q/p = (1 + \gamma) (1 + n)$。这暗示如果

$$(1 + r) < (1 + \gamma) (1 + n) \qquad (2)$$

那么基金制的回报率将低于现收现付制的回报率；如果不等式反过来，那么基金制的回报率就高于现收现付制的回报率。

（2）在固定缴费制现收现付体系下修正"艾伦条件"

①ER-DC 现收现付体系

式（2）仅仅是现收现付体系下"艾伦条件"的一种不同的表达方式。在稳定状态下，$q/p$ 总是不变，因此，固定收益制与固定缴费制的现收现付体系的回报率是相同的。尽管如此，在稳定状态之外，$q/p$ 就不会保持不变，而是会随经济、人口变化而相应转变。在固定缴费制下，$p$ 保持不变，而 $q$ 则会改变以保持政府预算平衡。在固定收益制下，$q$ 保持不变，$p$ 则会发生变化。

艾伦（1966）同时假设同代人的工资率与劳动生产率是相同的。这一部分内容将在固定缴费制下放宽这一条件。

一旦同代人的工资率与劳动生产率不同，那么代内再分配就变得重要起来。这里考虑两种不同的固定缴费制现收现付体系。第一个是不存在代内再分配的收入相关型。

$w_t^i$ 表示 $t$ 时期年轻人 $i$ 的工资率，$z_t^i$ 表示 $t$ 时期年轻人 $i$ 的劳动参与率。假设没有代内再分配，$t+1$ 时期政府的预算约束变为：

$$q_{t+1} \sum_{i=1}^{N_t} w_t^i z_t^i = p \sum_{j=1}^{N_{t+1}} w_{t+1}^j z_{t+1}^j \tag{3}$$

类似地，如果 $q_{t+1}/p > (1 + r_{t+1})$，那么，$t$ 时期的年轻人会在现收现付体系中获得更高的回报率。换言之，"艾伦条件"是：

$$(1 + r_{t+1}) < \sum_{j=1}^{N_{t+1}} w_{t+1}^j z_{t+1}^j \Big/ \sum_{i=1}^{N_t} w_t^i z_t^i$$

假设在同一代的不同个体间工资率、劳动生产率的协方差为 $0$，[①] 那么 $t+1$ 时期政府的预算约束为：

$$\sum_{j=1}^{N_{t+1}} w_{t+1}^j z_{t+1}^j = N_{t+1} \bar{w}_{t+1} \bar{z}_{t+1} , \sum_{i=1}^{N_t} w_t^i z_t^i = N_t \bar{w}_t \bar{z}_t$$

在这种情况下，"艾伦条件"简化为：

$$(1 + r_{t+1}) < (1 + \bar{\gamma}_{t+1})(1 + n_{t+1})(1 + \bar{g}_{t+1}) \tag{4}$$

其中 $1 + \bar{\gamma}_{t+1} = \bar{w}_{t+1} / \bar{w}_t , 1 + \bar{g}_{t+1} = \bar{z}_{t+1} / \bar{z}_t$ 。

②Flat-DC 现收现付体系

在这个体系下，无论工作情况如何，所有在 $t+1$ 时期退休的人都获得相同的养老金 $Q_{t+1}$。这意味着在现收现付体系内，存在高收入者向低收入者的转移分配情况。政府在 $t+1$ 时期的预算约束为：

$$N_t Q_{t+1} = p \sum_{i=1}^{N_{t+1}} w_{t+1}^i z_{t+1}^i \tag{5}$$

如果 $Q_{t+1}/(pw_t^i z_t^i) > (1 + r_{t+1})$，那么个人 $i$ 在其年轻的 $t$ 时期会选择现收现付制。预算约束遵循以下"艾伦条件"：

---

[①]　这个假设对男性适用性较强。Macurdy、Green、Paarsch（1990）发现年轻男性的工资变化的收入效应、替代效应都接近 0，但是，女性劳动力参与率随工资率改变的变动较为明显（Ehrenberg & Smith, 1996）。

$$(1 + r_{t+1}) < \sum_{i=1}^{N_{t+1}} w_{t+1}^i z_{t+1}^i / N_t w_t^i z_t^i$$

这个"艾伦条件"与先前不同的是，同一代人不必都归入基金制或现收现付制。个人 $i$ 的收入越高（例如 $w_t^i z_t^i$），他就越有可能选择基金制而非现收现付制。

同样地，如果我们假设在同一代的不同个体间工资率、劳动生产率的协方差为 0，那么，对于在 $t$ 时期领取平均工资的年轻个体而言，"艾伦条件"与 ER-DC 现收现付体系下的相同。

（3）在固定收益制现收现付体系下修正"艾伦条件"

①ER-DB 现收现付体系

在这个体系中，退休者的养老金收入是固定的，而工人的税率是浮动的，用以平衡政府预算。这里同样要比较基金制与现收现付制的回报率。与固定缴费制现收现付体系不同的是，相关的政府预算约束时期是 $t$ 时期，而不是 $t+1$ 时期，$v_t$ 表示养老保险缴费率。

一旦同代人的工资率与劳动生产率不同，代内再分配就会变得重要起来。首先，我们考虑一个不存在代内再分配的 ER-DB 现收现付体系。$t$ 时期政府的预算约束为：

$$x \sum_{i=1}^{N_{t-1}} w_{t-1}^i z_{t-1}^i = v_t \sum_{j=1}^{N_t} w_t^j z_t^j \tag{6}$$

（6）式的左侧代表老年人在 $t$ 期间应计的福利，而右侧代表年轻人在 $t$ 期间的养老金缴款。同样地，如果 $x/v_t > (1 + r_{t+1})$，$t$ 期的年轻人在现收现付养老金体系中获得更高的回报，据此，"艾伦条件"就转变为下式：

$$(1 + r_{t+1}) < \sum_{j=1}^{N_t} w_t^j z_t^j / \sum_{i=1}^{N_{t-1}} w_{t-1}^i z_{t-1}^i$$

如果，我们假设在同一代的不同个体间工资率、劳动生产率的协方差为 0，那么"艾伦条件"可以被改写为：

$$(1 + r_{t+1}) < (1 + \bar{\gamma}_t)(1 + n_t)(1 + \bar{g}_t) \tag{7}$$

其中 $1 + \bar{\gamma}_t = \bar{w}_t / \bar{w}_{t-1}, 1 + \bar{g}_t = \bar{z}_t / \bar{z}_{t-1}$。

②Flat-DB 现收现付体系

这个体系意味着 $t + 1$ 时期所有退休者都领取等额养老金 $X$，$v_t w_t^i z_t^i$ 是对养老保险的缴费。因此，在同代内，现收现付体系存在从高收入者向低收入者进行转移再分配的情况。$t$ 时期政府的预算约束为：

$$N_t X = v_t \sum_{i=1}^{N_t} w_t^i z_t^i$$

如果 $X / (v_t w_t^i z_t^i) > (1 + r_{t+1})$，那么个人 $i$ 在其年轻的 $t$ 时期会选择现收现付制。预算约束遵循以下的"艾伦条件"：

$$(1 + r_{t+1}) < \sum_{i=1}^{N_t} w_t^i z_t^i / N_{t-1} \; w_{t-1}^j z_{t-1}^j$$

与 Flat-DC 现收现付体系相同，同一代人不必都归入基金制或现收现付制。个人 $i$ 的收入越高（例如 $w_t^i z_t^i$），他就越有可能选择基金制而非现收现付制。

同样地，如果我们假设在同一代的不同个体间工资率、劳动生产率的协方差为 0，那么对于在 $t$ 时期领取平均工资的年轻个体而言，工资率与劳动参与率因素都被剔除，"艾伦条件"简化为：

$$(1 + r_{t+1}) < (1 + n_t)$$

③固定收益制养老保险体系的可持续性

"艾伦条件"假设，固定收益制养老保险体系不会因为缺少年轻人而在 $t + 1$ 时期破产。对于固定缴费制养老保险体系而言，可持续性不成问题。如果人口生育率、工资率、劳动参与率从一个时期到下一个时期不断下降，那么这意味着退休者的回报率将下降。与此相对，在固定收益制现收现付体系中，政府对每一代老年人都承担固定的责任。最主要的顾虑在于固定收益制现收现付体系中人口生育率的下降伴随着越来越丰厚的收入。在德国、奥地利及意大利，妇女平均生育率分别为 1.39%、1.40% 和 1.19%。

这些国家若要平衡政府预算，在职工人的税率很可能要被提高到不可接受的程度。如果这样，养老保险的可持续性与政府预算平衡显然是不兼容的。政府在考虑固定收益制现收现付体系下的"艾伦条件"时，必须注意这个问题（Miriam，2009）。

3. 在中国体制下的讨论

目前中国的养老保险在形式上是固定收益的现收现付制与固定缴费的基金制的混合管理，但事实上是固定收益的现收现付制与固定缴费的现收现付制的混合管理，因为固定缴费的账目只是概念上的，缺乏实质性意义。

艾伦在得出结论时，把实际工资增长率和市场利率作为外生的给定变量来对待，他所讨论的经济被称为小型的开放经济。1975 年，萨缪尔森（Samuelson，1975）证明，即使在一个工资增长率和市场利率都是内生的封闭经济中，一个现收现付的养老金计划仍然有可能存在帕累托有效的设置。现收现付的福利效应从艾伦的小型开放经济进一步推广到封闭经济当中。

艾伦的另一个隐含前提是：既然人口增长率、实际工资率和市场利率都是外生或事先给定的，一个现收现付的养老金计划要想实现帕累托有效，那么这个计划的融资率（它的缴费率或税收融资率）也必须不随时间而变化。这个问题被斯普里曼解决了，他的结论是：如果时间是无限的，在自由变化的缴费率下（设定一个上限），除非人口增长率和工资率之和永远小于利率（在他的模型中是外生的），否则现收现付制总是能够在代际进行帕累托有效的配置。

在解决"艾伦条件"的适用性问题后，上述讨论让理解"艾伦条件"变得更全面、更科学，当然转型时期的中国国情与 OECD 国家存在很大不同，在考察中国目前的养老保险回报率问题时，以下三点是值得注意的。首先，必须正确运用"迭代模型"，清晰划分 $t$ 时期和 $t+1$ 时期；其次，应该考虑"在同一代的不同个体间工资率、劳动生产率的协方差为 0"的假设在中国是否成立；最后，还应该注意科学使用的统计数据，排除特定政治因素对数据造成的影响。

理论上对养老金制度转轨中福利效应的担忧是：如果从现收现付制转向基金制，那么基金制的第一代参加者除了要为自己缴费之外，还要为他们的上一代再缴一次费。沃尔宾、布里耶尔的研究认为，当用基金制取代现收现付制时，要想在不使至少一代人的福利变得更坏的情况下就能补偿转轨中第一代的福利损失，一般来说是不可能的（Willmore & Berucci, 1999）。

在实施"统账结合"时，政府采取了长期加大企业统筹费率的办法，期望逐步消化转制成本，从而使企业统筹既要为新制度下的在职职工积累养老金，又要为旧制度下"老人""中人"没有建立个人账户的"欠账"提供基金，这样就产生了严重的双重负担。为了适当减轻企业的双重负担，在新制度建立的起步阶段，北京地区像全国绝大部分地区一样，采取了对个人账户"空账"运作的办法，通过对统筹基金与个人账户基金的混合管理，向个人账户透支，希望借此适当提高企业缴费率，再逐步补实个人账户。

## （三）缴费环节

国家法规对企业参加社会保险的缴费工作有明文规定。1999年，国务院出台《社会保险费征缴暂行条例》，明确基本养老保险费、基本医疗保险费、失业保险费的征收和缴纳均参照该条例。一是征缴范围，各种经济类型的企业、企业化管理的事业单位及其职工均在社会保险的征缴范围内；二是缴费周期，参保单位必须按月向所在地社保部门申报缴费，在社保部门核准后，按照规定期限足额缴纳社保费；三是代扣代缴，参保单位按规定代扣代缴职工个人缴费部分，并按月将扣款明细通知职工；四是灵活就业人员政策，无法通过雇佣单位参保的各类灵活就业人员，可以直接向社保部门缴费参保。

理论上，人力资源与社会保险经办机构能够通过系统信息较好地控制已办理社会保险登记的企业的按时征缴情况，但缴费环节仍存在以下三个方面的问题。

第一，针对已办理社会保险登记的企业，经办机构能够较好地核查其按时缴费情况，有效控制漏缴行为。然而，由于社会保险费征缴采用自行申报的方式，经办机构缺乏事前、事中的控制手段杜绝未足额申报的行为。

第二，针对未办理社会保险登记的企业，尽管《中华人民共和国社会保险法》规定对逾期未办理社保登记的企业将处以滞纳金的罚款，但目前工商登记部门与社保登记部门不能实现数据共享，对未按规定办理社保登记的企业缺乏有效的监管手段，不能对漏缴行为形成事前、事中的监管，只能依靠事后检查来发现问题，执法成本高，执法效果差。

第三，针对无法通过雇佣单位参保的各类灵活就业人员（包括个体工商户、非全日制从业人员以及其他灵活就业人员），社保部门未形成以"个人为索引"的监察体系，难以定位，无法杜绝漏缴行为。

如何平稳顺利完成社会保险费征收体制改革，不仅只是征收主体的变更，更需要从社会保险制度治理能力和治理体系现代化的角度进行审视，协同推进社会保险费征收体制和社会保险制度改革，最终全面建成覆盖全民、城乡统筹、权责清晰、保障适度、可持续的多层次社会保障体系。

## （四）投资环节

2010 年颁布实施的《中华人民共和国社会保险法》规定，社会保险费按照财政专户管理模式，存入国有商业银行；根据不同的险种，分别建立专户，单独核算。

基本养老保险采用"统账结合"的模式，统筹基金部分的管理目标是"现收现付、略有结余"，个人账户基金的管理目标应该是"保值增值、应对通胀"。关于名义账户和实际账户的争议仍被广泛讨论，人力资源和社会保障部在辽宁试点之后，也未在全国大范围推广个人账户做实，北京地区也未开展个人账户运营的相关工作，投资问题也未提上议事日程。

根据《社会保险基金财务制度》（财社字〔1999〕60号）中的规定，基金结余是指基金收支相抵后的期末余额。基金结余除根据财政部、人力资源和社会保障部商定的最高不超过国家规定预留的支付费用外，其他全部用于购买国家发行的特种定向债券和其他种类的国家债券。任何地区、部门、单位和个人不得动用基金结余进行其他任何形式的直接或间接投资。

上述规定能够保证社保基金在不计算时间价值的前提下是保值的。事实上，社会保险对微观经济运行主体的真正吸引力主要来自两个方面——社会保险基金的投资运作和税收减免。社会保险税收减免的优惠主要体现在允许社会保险费用在成本项目中列支，而人们更关心的是社会保险缴费的未来回报率及收益水平。中国社会保险基金的投资方向目前仅限定在银行存款和购买国债上，投资渠道过窄，收益率低下，不仅降低了社会保险制度本身的吸引力，对国家而言也意味着建设资金的闲置和浪费。投资收益不高还会导致更高的缴费率，使社会保险负担更加沉重。随着近年来通货膨胀指数的波动，保守的投资策略已经不能适应基金保值的要求，亟须进一步改进。

## （五）待遇设计与支付环节

### 1. 养老保险再分配效应低下

杨俊（2011）将劳动者分为三种类型——高、中、低劳动能力者，分别对应在国民财富第一次分配后所形成的高、中、低收入者。在此框架下，考虑社会统筹型的养老保险计划对不同类型劳动者的福利影响，从而判定社会统筹养老保险的再分配效应。

分析得出三方面的结论。第一，高收入者的生命周期效用因引入基本养老保险计划出现下降。第二，中收入者的工资水平假设与计发养老金时使用的社会平均工资基数一致，当社会平均工资水平下降，中收入者的生命周期效用也将下降。第三，当社会统筹费率在一定水平之下的时候，低收入者的缴费基数低于养老金待遇的核算基数，低收入者的生命周期效用将得到提高；当社会统筹费率超过一定水平之后，基本养老保险计划将迫使社会平均工资水平下降，低收入者的生命周期效用也将下降。

研究表明，基本养老保险的效用改进与社会统筹费率之间存在密切的关系，数据模拟显示两者之间存在着倒 U 形的变化关系。

2. 社会保险待遇激励不足

我国目前的社会保险未设计附加保险，参保职工的社会保险待遇不能跟家庭赡养人口分享。

在社会保险缴费费率相当的情况下，我国的社会保险待遇远低于其他 OECD 国家，社会保险待遇的激励作用明显不足。

在基本养老保险制度中，从统计数据来看，人均离退休费逐年提高，自 2000 年以来，平均年增幅超过 8%。然而，全国性的统计数据难以体现出实际上的差距，由于多种因素的影响，实际上各省的人均离退休费存在很大差异。

企业的人均离退休费与机关事业单位的差距较大，且差距在逐年扩大。据不完全统计，事业单位退休费的水平是企业的 1.76 倍，机关单位退休费的水平则为企业的 1.9 倍。机关事业单位的养老保险体制仍沿用传统的现收现付模式，由国家财政统收统支，其养老金水平过高，占用了大量的财政资源。机关事业单位对国家财政资源的占用，不利于在全国建立统一的城镇基本养老保险体制。

以北京市为例，养老金与年度社会平均工资水平的比例（替代率）稳定在 50% 左右。然而，职工从单位获得的工资外收入占工资收入的比重逐年攀升，工资数据的不真实导致中国养老金的替代率被高估了。

## （六）就业促进及劳动保护方面的激励措施

经济发达国家的实践表明，养老保险制度的健康有序发展不仅需要严格的管控手段，还需要适时的激励政策。政府应该以维持企业的生存发展为目标，在特殊经济时期给予优惠政策，协助企业共同度过生存危机。北京地区的社保激励措施主要包括两个方面：一是从企业入手，帮助企业开源节流，在金融危机时期维持经营；二是从个人入手，促进就业稳定。

1. 以社会保险补贴促进就业稳定

从企业的角度来看，为了积极应对金融危机对中小企业的冲击，北京市出台了多项政策，旨在帮助企业开源节流、维持经营。

第一，从多角度帮助企业减轻社会保险开支。受金融危机影响出现生产经营困难的企业可申请社会保险补贴，补贴期限不超过12个月，以上年度社会平均工资的60%为基数，按企业缴费的比例发放各项补贴。

在此基础上，组织就业培训的企业还可以获得每人每月100元的培训补贴，补贴期限不超过6个月。员工通过培训且取得资格证书的，在每人每月100元的基础上，按照初级、中级、高级三个档次分别给予额外的200元、300元、400元的培训补贴。

若企业在维持现有雇员的基础上，有能力新招用城镇失业人员，那么还可以享受包括企业所得税等在内的各项税费优惠。与城镇失业人员签订1年以上劳动合同的，合同期内企业最多可享受3年的社会保险补贴。如果城镇失业人员距法定退休年龄不超过5年，社会保险补贴可延长至退休。

第二，提供贷款，支持帮扶企业经营。金融危机时期，中小企业不仅需要控制成本，更需要金融支持维持经营。针对招收各类就业困难人员的企业，国家出台了相关扶持政策。例如，小微企业的雇用人数达到职工总数30%、100人以上的中小企业达到职工总数15%且劳动合同期限超过1年，企业可享受不超过200万元的小额担保贷款，以及不超过 200 万元的财政贴息贷款。

2. 就业援助规定

2011 年 12 月，北京市出台就业援助规定，旨在解决本市就业困难人员的就业问题。

就业援助覆盖范围涵盖法定劳动年龄内有劳动能力和就业愿望、处于无业状态并难以实现就业的本市城乡劳动者，具体范围包括：属于零就业家庭成员的，享受城乡居民最低生活保障待遇的，女满四十周岁以上、男满五十周岁以上的，经残疾评定机构评定为残疾的，连续失业一年以上的本市城乡劳动者。

本市绿化隔离、矿山关闭、资源枯竭或者受保护性限制等地区的农村劳动力，进行转移就业登记后，纳入本市就业困难人员范围。

用人单位招用就业困难人员的，按照国家和本市有关规定享受营业税、企业所得税等税费减免，贷款贴息，养老、医疗、失业等社会保险补贴和岗位补贴。

就业困难人员自主创业、自谋职业的，按照国家和本市有关规定享受营业税、个人所得税等税费减免，贷款贴息，养老、医疗、失业等社会保险补贴。各级人民政府及有关部门应当在经营场地等方面给予照顾。

就业困难人员灵活就业的，按照国家和本市有关规定享受养老、医疗、失业等社会保险补贴。

尽管北京市政府出台了一系列针对中小企业的社会保险优惠政策，但囿于条件设定不科学、宣传不足等，未能在中小企业参保行为方面形成助推力，政策设计亟待进一步改善。

# 三　小结

政府作为企业最为直接的利益相关者之一，在社会稳定的目标方面，政府和企业的利益诉求是相同的，但是在维护社会稳定的经费筹集方面，政府和企业的利益诉求存在冲突。

　　具体而言，当前在我国社会保险的筹资机制中，各级政府虽然承诺财政兜底，中央政府也向全国社会保障基金理事会筹集注资，以应对未来的资金缺口，但从公众的直观感受来看，缴费责任的直接承担者是企业和员工，特别是统筹资金的主要来源是企业缴费。

　　中央政府以社会稳定为核心目标，为保证社会保险的可持续发展，其利益诉求是尽可能扩大企业征缴范围，按时足额征缴，以达到社会公平和稳定的目标。企业作为市场经济的竞争主体，最直接的诉求是企业利润最大化，并且对自身成本十分关注。目前，大多数中小企业难以认同社会投资对人力资源维护具有重要意义的观点，仍将社会保险缴费视为纯粹的成本开支，影响企业再投资的能力；在监管不严的政策环境中，企业钻制度的"空子"，逃避社会保险缴费成为一种"理性"的行为。在社会保险问题上，国家与企业存在对立的利益诉求，国家必须通过强制性的手段才能征缴社会保险费；企业则会尽可能地隐蔽自身的逃费行为，在逃避法律惩罚的前提下减少社会保险开支，实现利润最大化。

　　我国的社会保险已经成为一项立法强制的社会制度，社会保险必须拥有完善的约束机制，提高违法成本，从而避免企业的参保不遵从行为。

　　尽管社会保险法令确定与规范了社会保险的性质、特征、目的和社会保险的类别与主要内容，其长期的发展促使社会保障法律体系趋于健全，明确地规定了社会各成员的权利和义务，但制度实施的可操作性和稳定性还有提升空间，部门之间的协调配合仍需加强。

　　北京地区仍采用费用征缴体制，然而在具体操作中，由于工商管理部门、公安部门、人力资源和社会保障部门的数据壁垒，无法综合核查企业、员工、缴费的比对信息，暂无有效的稽核手段。上述方式削弱了费用征缴的权威性和强制手段，对企业的约束效用较弱。

张乃亭（2008）指出，从政策目标出发，政府不能放任企业的偷逃缴费的行为；从企业利益出发，社会保险费率水平过高，导致企业采用平衡缴费支出与违法成本的方法，使逃费的处罚少于缴费总额；从执法成本出发，如果提升监督力度需要的投入较大，那么扣除管理成本后，可用的社会保险资金就会减少，这样的执法行为不符合经济原则。

为达到社会稳定的目标，社会保险是必不可少的项目。政府为实现该目标，一方面，应该优化社会保险制度设计，增强社会保险项目在保护劳动者方面，特别是提升劳动者综合工作能力方面的实际效果，从而提升边际收益，吸引广大企业放弃当前部分利润而获取长期的潜在收益。

另一方面，应该加强监管力度，提高部分企业的违法成本，政府的态度和行为在很大程度上影响社会保险的制度安排乃至企业的参保行为，政府作为社会保险制度的设计者与监管者，其行为对企业具有一定的威慑力。如果政府的激励约束机制不到位，那么企业就会出现瞒报员工人数、做低缴费基数等违法行为；如果政府加大对社会保险违法行为的监管处罚力度，那么企业的违法成本会随之上升，企业则不敢轻易有违法行为。

# 第六章　利益相关者分析之二：
## 竞争者与企业参保行为

　　基于企业的视角，大多数中小企业囿于自利的观念，将社会保险缴费视为纯粹的成本开支，若社会保险缴费高于其对企业员工的激励收益，企业逃避社会保险缴费便成为一种"理性"的行为。

　　雇主供款的养老金制度，是一种长期雇佣与未来支付的承诺，它是以长期雇佣关系为基础的。具体而言，养老金研究将从两个方面说明劳动力市场的重要问题：它是衡量薪酬权益的重要指标；它加深我们对长期组织管理决定劳动价格和质量的劳动力市场的理解。通过对本书的显著性检验分析得出以下几个方面的结论。一是国有法人控制的公司，社会保险缴费率水平最高，所有制形式是最显著的影响因素。二是中小企业参保行为受经济能力的影响较小，在不同净利润区间，企业的平均社保缴费率无显著差异。三是利润工资比率（R/W），R/W值越高，则表明公司利润由劳动投入创造的边际作用越低，大部分的利润所得是由资本或者其他生产要素获得的。该结果表明，劳动投入对利润产生的价值与社会保险缴费率水平呈正相关。

　　纳什均衡意味着在现行养老保险制度下，所有参保企业都会采取各自最优策略的一组组合。目前的养老保险对于企业而言负担过重，且行政手段很难发现并纠正企业的参保不遵从行为，因此，社会保险费会形成如表6-1所示的策略组合。

表 6 - 1  社会保险费策略组合

| | | 企业 | |
|---|---|---|---|
| | | 按能力缴费 | 低于能力缴费或不缴费 |
| 国家 | 处罚 | 10, 10 | -5, 15 |
| | 不处罚 | 15, -5 | 0, 0 |

目前，较高的社会保险费率对企业自身目标影响较大，国家对社会保险征收的监管态度具有决定性作用，企业会观望监管力度与效率，如果被发现后的处罚金额少于缴费总额或者不会被发现，那么企业将采取各种措施减少缴费。根据表 6 - 1，企业的两项策略：一是按能力缴费，二是低于能力缴费或不缴费；国家的两项策略：一是处罚，二是不处罚。中小企业在这个博弈中最容易选取：（处罚，低于能力缴费或不缴费）和（不处罚，不缴费），因为国家会选择大企业进行企业征查与追缴，以弥补高昂的管理成本，受到成本的限制国家无法对中小企业实行较为严格的追查。国家的监管疏漏催生中小企业逃避社会保险缴费，显然这种制度效果是非理想状态的。

# 一  企业竞争影响参保行为的深层次原因

## （一）中小企业竞争态势与利润情况

企业是资本的载体，要反映资本的本性，即强烈的增值性，这决定了企业必然把利润最大化作为首要目标。一方面，企业将千方百计拓展业务市场、提升盈利能力；另一方面，企业会注重成本控制。只有这样，企业才能持续盈利，在激烈的市场竞争中立于不败之地。

根据上市公司年报数据分析，截至 2016 年末，在采集到数据的 2848 家上市企业中，大型企业数量占北京地区全部上市企业数量的 75.6%，大型企业雇员总数占北京地区全部上市企业雇员总数的 98%，大型企业利润总额占北京地区全部上市企业利润总额的 96%。上述数据表明，中小企业在经济体量、利润额等方面的经济活力均落后于大型企业，面临更为激烈的市场竞争。

中小企业的市场竞争激烈，生存压力很大，主要体现在以下四个方面。一是同质化竞争加剧，由于中小企业的投资门槛低，同等规模的企业数量多，竞争激烈；二是信息社会促进技术传播，中小企业很难形成独特的技术优势；三是人才流失率高，中小企业的产品利润一再降低，在盈亏平衡线上挣扎，无力支付较高的人工成本，使得人才被迫离开；四是产品或服务过剩，引发低价竞争，投资回报率不断下降，导致企业在盈亏平衡线上挣扎。

695 家中小企业的平均净利润率为 16.9%，平均净利润额为 1.12 亿元。在显著性分析中，将 695 家中小企业的净利润率分为三组——第一组企业净利润率在 10% 以下、第二组企业净利润率在 10%~30%、第三组企业净利润率在 30% 以上，针对不同净利润率的企业的社会保险费占比情况的分析显示，净利润水平并未显著影响社会保险费的占比情况。该检验表明，社会保险，作为企业成本，引发极为审慎的考量；中小企业，无论职工薪酬是否已经达到社会平均工资三倍的封顶水平，社会保险费占比均比法定费率水平低许多，这表明中小企业在竭尽所能地控制社会保险的开支。

控制社会保险开支的原因主要包括以下三点。

第一，小型微利企业的总体税负高，减少了企业再投资资金，削弱了其市场竞争力。根据《中华人民共和国企业所得税法》规定，企业所得税的税率为 25%；小型微利企业按 20% 的税率缴纳企业所得税，比标准税率低 5 个百分点。尽管在 2008 年国际金融危机爆发时，政府曾经实施了"五缓四减三补贴"的措施，允许困难中小企业暂缓缴纳或减征社会保险费，但目前小型微利企业的社保缴费标准与大型企业一致，政府应考虑同企业所得税优惠政策类似，给予小型微利企业一定的社保缴费优惠。

第二，小型微利企业参加社会保险增加了自身的管理成本。以北京地区为例，社会保险的信息变更、缴费、待遇申领等都属于企业自主上报行为，包括按月人员信息变更及缴费、按年申报更新缴费基数、归集整理核对医疗保险费报销单据、申领工伤津贴、申请退休金等众多事务性工作均需要企业自主承担。小型微利企业人员少，类似人力资源管理这样的后台支持岗位不能直接创造价值，在小型微利企业均受到严格的控制，但是社会保险事务性工作过多，需要专人管理。因此，社会保险业务进一步增加了中小企业的管理成本。

第三，投入与收益不对等。企业提供社会保险的目的在于，保障员工的权益，通过社会化的手段一方面降低劳动力保护的成本，另一方面提高劳动生产效率。

在计划经济时期，员工主动离职是一件令人难以置信的事情。在劳动力市场流动性较强的国家，企业能够接受的员工年离职率应该为5%～10%。伴随市场经济的发展，在经历了近几年劳动力市场的结构性供求矛盾的考验之后，高流动性成为当前劳动力市场面临的新情况。根据美世最新发布的《2010年中国人才保留实践调查》，员工自愿离职率已达到10.3%。

随着员工流动性的增强，在短期内企业难以看到社会保险对提升员工满意度以及改善劳动生产效率的效果，社会保险对这些企业来说成了一种纯粹的支出。

不少学者提出，中小企业把社会保险的成本进一步转嫁给员工，以达到控制成本的目的。Hamermesh 和 Daniel（1980）研究发现，在美国，对于30～45岁的雇员，雇主承担的工薪税中有15%～35%以降低工资的形式转嫁给了他们。

Gruber（1995）通过智利社会保障体系私有化改革前后（1979~1986年）的经历为工薪税负担影响提供了一个证据。1981年智利社会保障体系的私有化改革使企业的工薪税负担显著减轻，在 Gruber 的样本中，平均税率从30%降到5%。研究数据来自对制造业企业的普查，数据包括数千家企业详细的工薪税和工人工资（区分了蓝领和白领工人）数额。通过分析，Gruber 发现有明显的证据表明向雇主征收的工薪税几乎没有对就业产生影响，而是完全被转移到了雇员的工资中。

杨俊（2011）指出，当基本养老保险的缴费率在合理范围内增加时，有助于改善社会福利水平，福利分配的基尼系数将呈现下降的趋势，而社会福利的分配将趋于更公平，但过高的缴费率会损害社会福利和分配公平性。

根据调查数据，695 家企业的养老保险缴费占工资总额的比例均值为 10%（见表 6-2），大幅低于绝大多数地区政策缴费率（19%）。

表 6-2　养老保险费/职工薪酬比例

单位：家，%

| 类型 | 实际控制人类型 | 企业数量 | 2016 年养老保险缴费占工资总额的比重 |
|---|---|---|---|
| 国有 | 中央国家机关 | 7 | 11.20 |
| | 中央国有企业 | 7 | 8.97 |
| | 国资委 | 32 | 14.13 |
| | 地方国有企业 | 4 | 6.59 |
| | 地方国资委 | 85 | 12.14 |
| | 地方政府 | 25 | 10.86 |
| 非国有 | 大学 | 3 | 10.07 |
| | 集体企业 | 10 | 10.12 |
| | 境外 | 26 | 10.05 |
| | 民营企业 | 1 | 7.43 |
| | 个人 | 489 | 9.14 |
| | 职工持股会（工会） | 1 | 9.53 |
| | 其他 | 4 | 9.06 |
| | 未明确 | 1 | 9.06 |

国际劳工组织规定，企业社会保险费的缴费比例不应超过职工工资总额的 25%，因此，职工工资总额的 25% 成了社会保险缴费率的国际警戒线。综合统计社会保险项目的总税率，2007 年瑞典的雇主总缴费率为 32.42%，2006 年德国的雇主总缴费率为 21.95%，2007 年美国的雇主总缴费率为 15.43%。

## （二）中小企业存续时间与社会保险需求的长期性存在矛盾

Gustman 和 Steinmeier（1994）指出，企业向员工提供社会保险，实际上是给员工一种承诺，即希望员工与企业保持长期稳定的雇佣关系，如此一来，有利于以下三个目标的实现。一是减少员工流动，从而降低企业重复培训的管理成本；二是增加当期的免税养老积蓄，在企业存续时间内合理分布收入；三是提升员工工作效率，增加企业收入。然而，我国的中小企业在激烈的市场竞争中，往往存续时间较短，与社会保险需求的长期性形成冲突。

2013 年，原国家工商总局发布《全国内资企业生存时间分析报告》，对 2000 年以来全国新设企业、注销吊销企业的时间间隔进行分析。根据表 6-3 中的数据，我国企业生存时间呈以下四个特点。

一是超过 50% 的企业生存时间在 5 年以下。截至 2012 年底，在 1322.54 万家企业中，生存时间在 5 年以下的企业占比约为 58.3%。

二是企业退出市场的危险系数与生存时间呈反向相关。生命时间在 1 年内的企业，其在全国企业中的比重最大，为 14.81%；总体而言，企业成立后的 3~7 年成为生存的"瓶颈期"，即退出市场高发期。

三是企业平均生存时间为 6.09 年。根据表 6-4 中的数据，5 年内共计 394.22 万户企业关停，平均寿命为 6.09 年。

表6-3　全国企业生存时间分布（截至2012年底）

单位：万户，%

| 生存时间 | 企业数量 | 比重 | 生存时间 | 企业数量 | 比重 |
|---|---|---|---|---|---|
| 1 年及以内 | 195.91 | 14.81 | 11 年 | 43.13 | 3.26 |
| 2 年 | 185.19 | 14.00 | 12 年 | 33.95 | 2.57 |
| 3 年 | 153.39 | 11.60 | 13 年 | 27.15 | 2.05 |
| 4 年 | 118.29 | 8.94 | 14 年 | 21.71 | 1.64 |
| 5 年 | 89.92 | 6.80 | 15 年 | 18.16 | 1.37 |
| 6 年 | 82.54 | 6.24 | 16 年 | 13.18 | 1.00 |
| 7 年 | 76.66 | 5.80 | 17～19 年 | 27.74 | 2.10 |
| 8 年 | 67.84 | 5.13 | 20～24 年 | 35.83 | 2.71 |
| 9 年 | 62.47 | 4.72 | 24 年以上 | 13.67 | 1.03 |
| 10 年 | 55.81 | 4.22 | 合计 | 1322.54 | 100.00 |

数据来源：国家工商总局《全国内资企业生存时间分析报告》，2013年。

四是不同行业的企业生存时间存在较大差异，具有一定特征。

退出市场的企业（退出企业）行业分布相对集中。根据表6-4中的数据，5年内，批发与零售业的退出企业最多，达到了142.84万户，占全部退出企业总数的36.2%；排在第二位的是制造业，为67.43万户，占比17.1%；排在第三位的是租赁和商务服务业，为38.26万户，占比9.71%。上述三大行业退出企业合计248.53万户，占比63.04%。

表6-4　2008～2012年退出企业不同行业的平均寿命分布

| 行业 | 退出企业数量（万户） | 占各行业退出企业总数的比重（%） | 平均寿命（年） | 寿命众数/生存危险期（年） |
|---|---|---|---|---|
| 农、林、牧、渔业 | 8.90 | 2.26 | 5.19 | 0～1 |
| 采矿业 | 2.97 | 0.75 | 7.75 | 5 |
| 制造业 | 67.43 | 17.10 | 7.01 | 0～1 |
| 电力、热力、燃气及水生产和供应业 | 1.64 | 0.42 | 8.02 | 5 |

续表

| 行业 | 退出企业数量（万户） | 占各行业退出企业总数的比重（%） | 平均寿命（年） | 寿命众数/生存危险期（年） |
|---|---|---|---|---|
| 建筑业 | 18.63 | 4.73 | 5.32 | 3 |
| 批发与零售业 | 142.84 | 36.23 | 6.23 | 0~1 |
| 交通运输、仓储和邮政业 | 31.31 | 7.94 | 6.38 | 3 |
| 住宿和餐饮业 | 11.34 | 2.88 | 7.49 | 3 |
| 信息传输、计算机服务和软件业 | 11.02 | 2.80 | 5.14 | 3 |
| 金融业 | 6.29 | 1.60 | 8.84 | 4 |
| 房地产业 | 12.41 | 3.15 | 4.49 | 0~1 |
| 租赁和商务服务业 | 38.26 | 9.71 | 4.42 | 2 |
| 科学研究、技术服务与地质勘查业 | 18.26 | 4.63 | 5.14 | 2 |
| 水利、环境和公共设施管理业 | 1.62 | 0.41 | 5.79 | 0~1 |
| 居民服务和其他服务业 | 14.09 | 3.57 | 6.09 | 2 |
| 教　育 | 0.56 | 0.14 | 5.36 | 3 |
| 卫生和社会工作 | 0.41 | 0.10 | 5.60 | 4 |
| 文化、体育与娱乐业 | 4.79 | 1.22 | 5.67 | 2 |
| 公共管理与社会组织 | 0.44 | 0.11 | 7.50 | 3 |
| 其他 | 1.00 | 0.25 | 9.38 | 6 |
| 合计 | 394.22 | 100.00 | 6.09 | 3 |

数据来源：国家工商总局《全国内资企业生存时间分析报告》，2013 年。

　　企业成立后的第 3 年为企业生存的危险期。其中，农、林、牧、渔业，制造业，批发与零售业，房地产业，水利、环境和公共设施管理业生存危险期均在 1 年及以内，即成立当年退出企业数量最多；采矿业，电力、热力、燃气及水生产和供应业的生存危险期都为企业成立后的第 5 年，即企业成立后的第 5 年退出市场数量最多。

　　根据制度假设，社会保险相关规定要求企业有长期雇佣行为，而在中小企业中却难以实现。一是中小企业存续时间普遍较短，对社会保险缴费的稳定性影响较大；二是激烈的市场竞争迫使中小企业优先关注的是生存与利润，而忽视了对员工的劳动保护，企业在成立之初，就逃避履行为员工缴纳社会保险的义务；三是社会保险的地区间转移接续不便，手续烦琐，待遇落差大，中小企业以此引导员工放弃社会保险，从而达到减少企业成本的目的。

## （三）　所有制形式对参保需求具有显著影响

从企业的角度出发，如果社会保险缴费高于员工为企业带来的收益，那么企业就会有尽可能少地负担社会保险的"理性"行为。基于上述观点，企业在参保行为上应该有同质性的表现，但现实情况却并非如此。

根据《中国养老金发展报告 2014》中的数据，在对参保企业类型和企业参保情况的分析中，国有企业参保人员为 4862.4 万人，占全部参保人员数量的比重为 28.4%；城镇集体企业参保人员为 1249.03 万人，占全部参保人员数量的比重为 7.3%；港澳台及外资企业参保人员为 1989.74 万人，占全部参保人员数量的比重为 11.6%；其他各种经济类型企业参保人员为 9042.8 万人，占全部参保人员数量的比重为 52.7%。

从西方经济学对需求的定义可以得出，"需求＝能力＋需要"。具体可以从以下几个方面进行分析。

1. 人工负担能力

（1）所有制维度

从"能力"视角出发，城镇非私营单位和国有单位的人工成本负担能力要强于城镇私营单位（尤其是国有单位的人工成本负担能力较强）。随着经济的发展，城镇非私营单位（含国有单位）与城镇私营单位之间的年均工资差距在逐年扩大。

表 6 – 5　在岗职工年均工资

单位：元

| 年份 | 城镇就业人口年均工资 | 城镇非私营单位在岗职工年均工资 | 城镇私营单位就业人员年均工资 |
|---|---|---|---|
| 2009 | 14356 | 32736 | 18199 |
| 2010 | 16717 | 37147 | 20759 |
| 2011 | 19469 | 42452 | 24556 |
| 2012 | 22687 | 46769 | 28752 |
| 2013 | 25820 | 51474 | 32706 |
| 2014 | 28356 | 56360 | 36390 |
| 2015 | 31947 | 62029 | 39589 |
| 2016 | 33612 | 67569 | 42833 |
| 2017 | 36504 | 74318 | 45761 |

数据来源：人力资源和社会保障部历年统计报告。

根据统计数据，2017 年城镇非私营单位在岗职工的年均工资为 74318 元，比城镇私营单位就业人员年均工资高出 62.4%，全国城镇非私营单位的人工成本负担能力相对强一些。

（2）行业维度

根据表 4 – 6 法人单位从业人员及其年均工资的数据，2017 年末，从按照登记注册类型划分的从业人员数量及从业人员年均工资来看，从业人员年均工资排名前三位的分别是：外商投资单位、股份有限单位、国有单位。从业人员年均工资排名后三位的分别是：私营单位、其他内资单位、集体单位。以集体单位月平均工资 4603 元为例，每月个人社保缴费约为工资总额的 10%，可能会对当期收入产生较大的边际影响。在城市地区的消费价格较高的情况下，社会保险费的缴纳是否影响从业人员的日常生活质量，是否会导致参保人员做出逆向选择，这是亟须研究的问题。

2. 国有中小企业的需求

基于"需要"的视角，不同企业对社会保险的热衷程度呈现较大偏差。

国有法人控制的中小企业包括两类：一是国有机构的二、三级子公司，二是由事业单位转制为企业的科研机构、出版社、报社等。相比其他类型中小企业，国有中小企业的出资人实力雄厚，具备一定的经营负担能力，在市场竞争中的生存状况较佳。国有中小企业倾向于采取稳定型的发展策略，这种求稳的策略反映在，这类企业的薪酬水平与市场水平相当，其福利水平也处于市场平均水平。

通过对 695 家中小企业的数据分析，按实际控制人的类型，将695 家中小企业划分为三组：第一组是国有法人，第二组是境内非国有法人，第三组是境外法人。国有法人控制的企业的养老保险占比均值为 12%，方差居中；境内非国有法人的企业的养老保险费占比均值为 9%，方差最小；境外法人企业的养老保险费占比均值为 10.1%，方差最大。上述数据表明，国有法人控制的企业社会保险政策的执行力度最大，其对社会保险的需求明显高于其他类型的企业，具体原因有如下几个方面。

第一，国有企业的所有权与经营权分离，企业决策者也是领薪雇员，全体员工的社会保险需求具有高度的一致性。

第二，国有企业享受社会保险政策的优惠最多，员工的养老保险待遇得到有力的保证。以转制事业单位为例，事业单位在转制后大多成为全民所有制的国有企业，对该类企业的员工，政府也给予了相应的养老保险优待。根据国家相关规定，北京地区制定了机关、事业单位转制为企业的养老保险过渡政策，设定了 5 年的过渡期，如果基本养老保险的待遇低于原事业单位退休金，其差额部分由统筹基金支付补贴，并在 5 年时间内逐步递减补贴比例，确保平稳过渡。

第三，国有中小企业在建立健全的社会保险项目的基础上，还能为员工提供企业年金、补充医疗保险等自主福利项目。

3. 跨国中小企业的需求

跨国企业需要在两个以上的国家经营，面对中国和他国不同的政治、经济、社会和文化背景，其社会责任的履行受到极大的挑战。

Klok（2005）认为，发达国家的消费者对跨国公司在投资所在国是否履行社会责任发挥了一定的约束作用，在一定程度上促进了发展中国家企业员工福利的改善。但是，这种压力不一定符合发展中国家就业者的直接利益。例如，强调员工福利改善有可能迫使企业裁员或减少投资。

尽管跨国公司的行为准则在国际上还是通过资源的形式体现出来，但超国家组织在推进公司伦理方面的实践也不可忽视。联合国制定了全球协议，从保护普遍人权的角度，呼吁各成员国企业遵守人权、劳动、环保、反腐败等原则。

欧洲企业社会责任协会（CSR Europe）在 1995 年就开始召集跨国企业，帮助其把社会责任融入日常的经营活动中；2006 年组建了欧洲企业社会责任联盟（European alliance for CSR），旨在更好地管理企业、帮助企业创新，以及实现企业可持续发展和就业率的增长。

总体而言，跨国企业社会保险的执行力较强，社会责任意识强，严格遵守国内相关劳动法规，在社会保险登记、人员申报以及缴费基数核定等方面合规性较强。

然而，受限于劳动成本，跨国企业采用减少直接劳动关系的方式，与劳务中介公司合作，外包招聘派遣制员工，控制直接劳动关系的雇员规模，选择性执行同工同酬的规定。

另外，跨国企业的高层管理人员大多属于在华工作的外籍人员，不能享受企业年金、补充医疗保险等福利，因此跨国企业建立专属覆盖本土员工的福利计划时的审批流程较为复杂。

4. 自然人控制的中小企业的需求

根据前面的分析，中小企业生存状况堪虞。自然人控制的中小企业，有些只能勉强应对外部环境的变化，企业生存和发展比较艰难，为了节约成本，往往实行紧缩策略，他们一般会选择低于市场平均水平的薪酬体系，这导致企业福利水平也低于市场平均水平，企业自由发挥的空间不大且福利内容较少，没有灵活性和激励性。

首先，此类中小企业的实际控制人大多是出资人，由于"重资轻劳"的思想，会更多关注生产经营和资本的原始积累，一味地追求自身利益最大化；他们一般社会责任意识和维护职工权益的意识不强，对社会保险有着较强的排斥心理。

其次，自然人控制的中小企业大多为劳动密集型、原料输出型、传统技术型、管理粗放型企业，并且其产品竞争力、平均利润、员工素质、科技含量都普遍较低。面对激烈的市场竞争，自然人控制的中小企业缴纳社会保险费的负担过重，导致他们心有余而力不足。

最后，自然人控制的中小企业的逃费漏缴动机最强。尽管我国已经出台了与社会保险相关的法律法规，但是在目前的社会保险管理体制下，不进行社会保险登记的企业很难被准确地定位，社保管理部门对企业参保的不遵从行为的监督主要以事后稽查形式为主，让中小企业有了逃费漏缴的机会。

## （四）企业社会责任有待提升

在引入社会责任的理念后，企业就像经济状况良好的金融媒介，他们参加社会保险，满足员工的需求，却不能从中获得任何回报。但事实上，雇主可以通过社会保险获益良多。总结起来，所有关于雇主参加社会保险的假设都基于一个概念，即公司将法定福利视为一种人力资源工具。社会保险，作为吸引员工的手段，具备以下特质：引导更高的工作投入、达成理想的周转模式，以及成为特定年龄退休的提示信号。

企业社会责任是指企业的经营活动会对个人、单位、群体甚至是自然环境产生影响，而企业应该承担这部分责任。企业股东或企业的所有者、员工，以及社区、环境、贸易伙伴或竞争者、消费者等与企业的利益关系不同，关注的问题也不同。企业面临的经济、社会等条件的多样化，导致企业的社会责任表现也不是单维的，而应是多维的。

伴随从计划经济向市场经济的转型，自然人控制的中小企业完全摒弃计划经济时代"企业办社会"的做法，其社会责任观念淡薄，且存在以下误区。

第一，认定企业社会责任与企业盈利相对立。部分私营企业主认为，为实现自身利润最大化，企业不应该承担社会责任；错误地认为加入社会保险制度，就是重回"企业办社会"的老路。

第二，以规模小、利润少为由逃避企业社会责任。部分私营企业主坚持认为，中小企业始终挣扎在生存线上，朝不保夕，没有能力承担社会责任，待完成原始积累、发展壮大之后，再关注和承担社会责任。

由于政府缺乏约束自然人控制的中小企业承担社会责任的机制和有效手段，这就导致其社会责任意识相对淡薄。

## 二　企业行为影响下的社会保险制度安排

中小企业出于自身利益考虑，在社会保险登记、人员申报、缴费等环节，会有不同的行为表现。

第一，在社会保险登记环节，各类中小企业的处理方式存在差异。

国有中小企业，由于经营管理人员也属于领薪雇员，其社会保险需求与员工高度一致，具有很强的参保动机；受上级主管部门的约束较多，国有中小企业的守法意识较强，能在社会保险登记环节遵纪守法。

跨国企业受到母公司所在国的社会责任氛围影响，在社会保险登记环节，表现出较强的合规性和时效性。

自然人控制的中小企业，由于经营管理人员属于出资人，有强烈的赚取利润的动机，对参加社会保险产生的成本敏感，在监管不严的政策环境中，存在不登记的行为，特别是无雇工的个体工商户参保情况尤为不佳。

第二，各类中小企业的用工形式存在差异，在参保人员申报环节，存在不同程度的不遵从行为。一是从劳动关系角度来看，中小企业存在以劳动外包降低人工成本，以事实劳动关系雇用农民工、非全日制从业人员以及其他灵活就业人员来逃脱雇主义务等行为，不履行为员工缴纳社会保险的义务；二是在签订劳动合同后，隐瞒真实的雇员人数，只为核心员工办理社会保险，漏报其他参保人员。

第三，在缴费环节，各类中小企业均有不同程度的缴费不实情况。

从义务角度来看，在我国的社会保险制度中，企业需要承担的社会保险缴费是上一年度工资总额的 32.3% ~ 33.8%；中小企业面临激烈的市场竞争，承担社会保险支出的压力较大。

从权益角度来看，我国的社会保险缴费水平，一是影响养老保险待遇，基础养老金、个人账户养老金的计发与缴费工资关联紧密；二是不影响医疗保险待遇，医疗保险重在准入，只要加入，不同缴费水平的员工享受的医疗保险待遇是相同的；三是影响失业保险津贴水平，但雇主不太关心与员工脱离劳动关系之后的事宜；四是影响工伤保险津贴水平，中小企业大多属于第三产业，发生工伤的概率相对于第一产业、第二产业要低得多，受到雇主和员工的关注度有限。

综合考虑权益与义务，各类中小企业存在不同的缴费行为。

国有中小企业，存在做低缴费基数的动机。与不进行社会保险登记、瞒报参保人数的行为相比，做低缴费基数的行为具有较强的隐蔽性。目前的社保经办部门只是采取抽取样本企业的方式进行稽核，上述行为被遗漏的可能性很大。做低缴费基数的方式在控制人力成本方面具有显著的效果。考虑到降低缴费，未来经营管理者与员工的基本养老保险金水平都将受到影响，部分企业运用企业年金等补充养老保险的手段，弥补员工退休后遭受的损失。

自然人控制的中小企业，动机则更为强烈。部分企业只按照基数底线缴费，通过费用报销等形式隐瞒真实工资成本，只以社会平均工资的 60% 申报缴费基数。

上述企业的行为对社会保险制度产生了直接的影响，主要体现在以下两个方面：一是覆盖面、缴费不足加剧了社会保险的财政困难，导致社会保险的缴费率较高，而过高的缴费率又影响中小企业的参保积极性，形成了恶性循环；二是造成劳动力市场分割、社会保险制度割裂化。

## （一）覆盖面与缴费率之间的两难困境

根据北京市统计局信息披露，2017 年参加基本养老保险的单位数量为 53.7 万家，参加基本医疗保险的单位数量为 50.2 万家，剔除不同管理部门统计之间的误差，二者之间存在 3.5 万家企业的缺口，即覆盖面存在缺口。

此外，社会保险对无雇工的个体工商户、未在用人单位参加社会保险的非全日制从业人员以及其他灵活就业人员的覆盖面严重不足，而此部分人群属于高风险人群，覆盖面的不足将构成较大的社会隐患。

当前国家推行"五险合一"，忽略了企业对不同保险项目的主观需求，在短期内可能大幅增加企业成本。从世界各国保险项目供给情况来看，规模较小的企业则不纳入失业保险，"五险合一"严重影响了企业参保意愿。

根据统计数据，北京地区社会保险的企业覆盖率与人员覆盖率均不高，非正规部门的中小企业逃避保险的行为屡禁不止，且参保企业也存在做低缴费基数等不遵从行为，严重损害了社会保险的财政可持续性。

低覆盖率影响重大。城镇职工基本养老保险覆盖面窄，直接导致个人权益受损以及财政状况变差，一方面，低收入群体的自我保障能力弱，加之无法获得社会保护，他们将在风险与贫困中无法自救；另一方面，全面覆盖的社会保险才具有风险分散效应，覆盖面窄会导致缴费率升高，赡养比的加速恶化会威胁财政的可持续性。

低覆盖率缘于社会保险相关法律法规的强制力不足。主要原因包括：第一，社会保险法无法约束私人部门员工不加入社会保险的行为，这类员工有自由职业者、家庭作坊工人、农民以及私人企业主；第二，无从核实大规模的非正规部门的数据；第三，由于员工的短视效应，他们会放弃自身的社会保险权益，不举报雇主的违法行为，因此，中小微企业的部分违法行为难以曝光。

## （二）劳动力市场分割

谭兵（2011）引入社会屏蔽理论来解释中国就业的行业分层，从户籍、单位性质和行业特性的角度来看，社会保险权利在行业间形成分层和差距。在保险内容和保险待遇上，机关、事业单位职工优于企业职工，国有性质单位职工优于其他性质单位人员，垄断行业职工优于非垄断行业职工，单位就业人员优于非正规就业人员及个体户、普通居民，城镇就业人员优于农村就业人员，农村就业人员整体上处于社会保险权利分层的底层。

不公平的福利分配进一步拉大了员工"身份"的差距。而事实上，外部劳动力市场的就业风险大，员工更需要劳动保护等福利措施。但企业福利却可能导致逆向选择，将他们置于更大的职业风险中。外部劳动力市场与内部劳动力市场的对立局面进一步僵化，加剧了就业的不公平现象，劳动力市场的流动更加困难，给劳动力市场带来了极为不利的影响。

研究表明，我国同其他发展中国家类似，人们都在抢夺"好工作"，但员工的教育水平越低就越没有可能选择有社保的工作。然而，受过良好教育的城市男性员工似乎具备更多的选择权。

　　墨西哥非全职工作比全职工作的参保率低，这对女性的影响更为显著。家庭收入水平也是参保率的重要影响因素。在其他条件不变的情况下，低收入家庭的员工比高收入家庭员工的参保率低。这表明，在墨西哥，最低收入的家庭最不可能参加社会保险。上述结果令人担忧，因为社会保险被寄予期望，能够保护家庭抵抗经济风险。通常情况下，贫穷的家庭抗风险能力弱，他们缺乏除社会保险外的其他手段对抗风险，也缺乏其他有效的风险平滑手段，因此社会保险的缺失将导致他们更难摆脱贫困。这同样将影响他们的经济决策。例如，如果他们有储蓄，他们会选择长期储蓄而不是高风险的投资。对于低收入家庭而言，缺乏社会保护将导致他们更容易陷入贫穷的境地。

　　低收入员工参保率低的原因主要有以下两个方面：一是雇佣决策导致的；二是低收入员工自我隔离，转而选择更高的缴费率优惠和免费的医疗救助。在二元经济下，人们都在排队等候好工作，而好工作通常是有社会保险的工作，这些公司更愿意雇用生产率高的员工。因此，教育水平较低的员工很难找到好工作。当经济下滑时，这一情况将更为严重，因为正规部门的员工将退而选择非正规部门。跟预期一致，公司的规模对社会保险覆盖面有显著影响。小企业的员工参保率要低于大型企业；在行业方面，制造业员工的参保率高于服务业。

　　与其类似，北京地区的国有企业、跨国公司在华企业等"好企业"构成了内部劳动力市场，就业稳定，工资收入高，社会保险覆盖全面；广大挣扎在生存线边缘的中小企业形成了外部劳动力市场，雇佣关系脆弱，工资收入低，且社会保险缺失。内外部劳动力市场流动困难，逐步僵化。

# 第七章　利益相关者分析之三：
# 员工与企业参保行为

本书的显著性分析表明，企业的员工构成对参保行为的影响不显著，这与我国"强资本、弱劳动"的市场格局是一致的。中小企业的员工，与国有及其他大中型企业职工相比，处在外部劳动力市场。在强资本、弱劳动的不利格局下，这些员工无法维护自身在社会保险方面的权益。

Gustman 等（1994）指出养老保险制度吸引员工的因素包括：第一，免税的退休储蓄比税后的当期收入更为经济；第二，养老保险可以有效抵御员工的高龄时期的风险；第三，集中的养老金可以形成规模效应，其投资收益要高于个人投资。另外，企业（或联盟）必须将员工作为整体来考虑其养老保险问题，不能回应员工对养老金的个性化需求，而养老金待遇受到法律、政府行为、通货膨胀等多方面因素的影响，所以员工不能将养老金作为退休生活的全部来源，仍然需要个人储蓄。

我国非正规就业人员主要包括非全日制灵活就业人员、个体从业人员、离退休再就业人员以及农民工等。由于非正规就业的劳动关系特点，这类就业领域的企业福利水平也是最低的。大多数非正规从业人员很少享受到雇主提供的企业福利，除了其中自雇人员和部分自由职业者有其自身的原因之外，更多此类劳动者企业福利的缺失源于雇主的自利性和劳动保障法规的执行力度不够。由于缺乏有效的规制，很多非正规部门的雇主连国家强制性企业福利项目都不能为从业人员提供。

# 一 影响员工行为的因素

## (一) 社会排斥与社会整合的程度

综合就业、福利、公民权利等问题，Gough 和 Olofsson（1999）进一步阐述了社会排斥的含义，指出社会排斥不仅表示收入的不足，而且表示在工作参与等方面的不足；Robbins（1994）指出社会排斥强调的是社会连接的断裂，包含福利依赖层的重新组合。法国学者 Castel（2000）提出社会孤立的假设，他认为，工作是达到社会整合的手段，在社会整合以及非社会整合构成的轴线上，个人所在的不同经济水平标识着他们的生存状态（见图 7－1）。社会整合，指个人依靠稳定的工作保障，从社会关系中得到有力的支持；社会脆弱，指个人工作缺乏保障，不容易从社会关系中得到

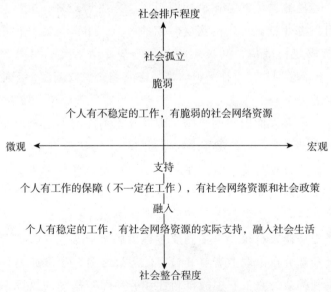

图 7－1　社会排斥与社会整合的程度

社会资源；社会孤立，即个人既没有工作又没有社会关系资源。据此，卡斯托提出了"有援"的观点，即个人从事无保障的工作，但能得到社会福利方面的援助。

在北京地区的中小企业中，就业是进入社会保险的通道，户籍是进入居民社保的通道。社会排斥与社会整合的程度，主要以就业、户籍为衡量标准。

社会整合程度最高的是有工作、有户口的员工，主要包括国有中小企业、跨国中小企业的正式员工，与雇主直接签订正式的劳动合同，拥有北京市户口，享有法定的社会保险项目，部分员工还有补充保险；具有工作的保障，拥有自主选择就业单位的能力，转换工作仍然能享有可转移的社会保险福利。

社会整合程度次之的是有工作、没户口的员工，主要包括在京就业的京外户籍人员，由于户籍限制，该类人员难以获得体制内的工作，只能在国有企业、跨国企业从事外包类工作，例如劳务代理、派遣制等，他们均不能享受与同岗位的"正式编制"人员同等的福利待遇。用工形式多样的企业都存在不同程度的"身份歧视"问题不仅压低编制外员工的工资，而且也通过减少项目、降低标准等方式，缩减编制外员工的福利。

社会排斥程度较高的是有户口、无全日制工作的人员，主要包括拥有北京城区或郊区户籍的非全日制从业人员、灵活就业人员、失业人员。该类人员处于有援状态，尽管不能获得工作附加的社会保险，但可以回到户籍所在地参加居民保险，解决养老、医疗等民生问题；此类人群的社会排斥状态具有可转换性，当他们重新获得就业机会，就可以从边缘社会重新融入中心社会。

社会排斥程度最高的是没户口、无全日制工作的人员，主要是外来务工的农民工群体。该类人员多集中于家政服务、建筑业，基本处于脆弱状态，风险暴露严重。

## （二）劳动供给

以美国为例，劳动经济学的实证研究仍在探讨收入效应与替代效应的主次关系。养老保险福利的给付会直接影响老龄劳动者的退休决策。1935 年，美国的《社会保障法》出台后，65 岁以上的人口中劳动者所占比例从此前的 50% 下降到 20%（安塞尔，2003），养老金的给付使劳动力总供给减少了。

根据前面章节的分析，在目前强资本、弱劳动的格局下，社会保险缴费率影响员工个人的劳动供给，但在非公部门，员工的劳动供给很难改变企业的雇佣决策以及人工成本设计。也就是说，在外部劳动力市场上，员工作为企业的利益相关者，其社会保险权益没有受到雇主的重视。

## （三）短视效应

对于员工个人而言，养老保险具有多方面的积极保护作用：第一，在北京地区，社会保险采用统一缴存制，同时参加养老、医疗、工伤、失业、生育五项保险，能够有效抵御各种社会风险；第二，养老保险是一份享受税收优惠的长期储蓄，个人缴纳的费用可以在税前扣除，在投资过程中的收益免收个人所得税；第三，养老保险汇集的基金可以统一投资取得收入，享有规模收益，要优于员工个人投资；第四，养老保险待遇具有调节机制，能够有效对抗通货膨胀，保证员工退休后的基本生活。

然而，中小企业的员工对养老保险的需求较低。一方面，中小企业平均生存周期仅有 3~8 年，抗击市场风险能力不强，破产倒闭后，员工不得不重新就业；另一方面，中小企业的人本意识淡薄，用工制度不规范，员工自动离职率相当高。就业不稳定性迫使员工更关心当期收入，关注生存问题，对社会保险这样的长期保障项目关注不足。

北京地区就业人口的教育程度明显优于全国平均水平，受过高等教育的就业人口占总就业人口的比例超过 50% （见表 7 - 1）。刘广兴（2011）对北京市企业员工的社会保险认知情况进行了问卷调查，结果显示，随着受教育程度的提高，社会保险认知度也有所提高，表现出显著的正相关性。员工的社会保险意识程度将对企业社会保险决策产生影响，如果员工自身维权意识不强，仅关注当期收入，那么短视效应必然会导致更多的企业不参保行为。

表 7 - 1　全国分地区就业人口受教育程度构成

单位：%

| | | 全国 | 北京 | 上海 | 广东 | 福建 | 河南 | 贵州 | 陕西 |
|---|---|---|---|---|---|---|---|---|---|
| 性别 | 男 | 56.8 | 55.0 | 58.4 | 60.5 | 56.5 | 54.8 | 57.9 | 57.7 |
| | 女 | 43.2 | 45.0 | 41.6 | 39.5 | 43.5 | 45.2 | 42.1 | 42.3 |
| 受教育程度 | 未上学 | 2.2 | 0.2 | 0.4 | 0.5 | 2.2 | 2.0 | 7.4 | 2.3 |
| | 小学 | 15.7 | 1.9 | 4.9 | 10.7 | 17.4 | 12.1 | 29.5 | 11.7 |
| | 初中 | 40.6 | 17.4 | 26.3 | 39.1 | 39.8 | 47.4 | 37.4 | 41.3 |
| | 普通高中 | 18.7 | 18.3 | 17.4 | 25.7 | 19.0 | 20.7 | 10.9 | 20.1 |
| | 大学专科 | 12.0 | 21.5 | 19.6 | 13.2 | 10.6 | 10.6 | 7.3 | 14.3 |
| | 大学本科 | 9.7 | 31.1 | 25.3 | 9.8 | 10.2 | 6.7 | 7.0 | 9.4 |
| | 研究生及以上 | 1.1 | 9.6 | 5.9 | 1.0 | 0.8 | 0.6 | 0.3 | 0.9 |

数据来源：《中国劳动统计年鉴 2019》。

导致员工社会保险意识淡薄的外部因素主要为以下两个方面。

第一，政府宣传执行力度不够。目前，针对社会保险相关政策及知识的宣传力度不够，以《关于贯彻实施〈北京市基本养老保险规定〉有关问题的具体办法》（京劳社养发〔2007〕21 号）为例，其中明确规定基础养老金的计算公式为：

$$J = (C_{平} + C_{平} \times Z_{实指数}) \div 2 \times N_{实+同} \times 1\%$$

注解：

（1）$J$ 为基础养老金；

（2）$C_{平}$ 为被保险人退休上一年本市职工月平均工资（保留两位小数）；

（3）$Z_{实指数}$（实际缴费工资指数，计算结果保留四位小数）＝（$X_n / C_{n-1}$ +…+ $X_{1993} / C_{1992}$ + $X_{1992} / C_{1991}$）/ $N_{应缴}$；

（4）$X_n$，…，$X_{1993}$，$X_{1992}$为被保险人退休当年至1992年相应年度各月本人缴费工资基数之和。

上述规定体现了养老保险制度对个人缴费的鼓励措施，实际缴费工资指数对基础养老金的提升作用显著。但政府对此政策的宣传力度不够，导致员工接受企业的片面说辞，同意企业做低缴费基数，致使个人养老权益受到损害。

第二，企业社会保险工作不到位。一方面，北京地区规定，企业缴费基数为所有雇员缴费基数之和，有些企业投机取巧，通过不宣传、不解释等手段误导员工不参保、少缴费；另一方面，从事社会保险工作的人员，在企业中不受重视，其工作积极性较差，不愿意投入时间和精力为员工提供社会保险的政策和相关信息，员工的信息渠道进一步受阻。

## （四）缺乏谈判能力

国际劳工组织发布的《2012～2013年全球工资报告》指出，将平均工资与劳动生产率的数据进行对比，这在发展中国家必须小心解读。因为平均工资是指领薪雇员（在一些亚洲国家这一群体不足劳动者总数的50%）的收入，而劳动生产率衡量的是所有就业人员（包括雇员和个体劳动者）的GDP。使用平均工资与领薪雇员的生产率进行比较是一种更好的方法，但是后者普遍缺乏相关数据。原则上，人们一般会认为，所有劳动者共同的产出增长会导致低估领薪雇员劳动生产率的增长，因为大部分领薪雇员是在更具生产力和活力的工业领域工作。此外，在比较中国的工资增长与劳动生产率增长时，必须注意的是这里只包括国有企业、集体所有制单位和其他与国家有关系的公司。

在过去一个世纪的大多数时间里，学者普遍认为稳定的劳动收入份额是经济增长的自然结果或"既成事实"。随着工业国家变得日益富裕，劳动者和资本所有者的总收入同时以近乎一致的速度增长，因而国民收入中劳动和资本的分配比例，除了小幅波动外，在相当长的时间内都保持一个常量。就仿佛经济学中有一个不成文的规则在保证劳动和资本均等地从物质发展过程中获益，关于国民收入的功能性分配这一话题几乎从学术研究中消失了。然而近些年来，这个长期以来的普遍共识受到了挑战。大量涌现的文献资料都一致表明，近几十年来，在许多有相关数据支持的国家中，劳动份额都出现了下降的趋势。

中国虽然在过去的 10 年中人均工资增长了两倍左右，但 GDP 的增速依然高于工资总额的增速，因而造成劳动收入份额下降。中国、肯尼亚、韩国、墨西哥和土耳其等国劳动份额的下降趋势从 20 世纪 80 年代就已经开始显现。

在发展中经济体中，与支付最低工资有关的那些就业保障计划能更好地激励私营企业遵守最低工资制度。然而，发展中国家和新兴国家中只有约一半的劳动者为工资收入者，因此还需要辅以其他手段来提供更多的工资性工作岗位，同时还要提高个体劳动者的生产率和收入水平。

提高平均劳动生产率仍是我们面临的重要挑战，因为这需要努力提高受教育水平，提升生产转型和经济发展所需的各项技能。要建立完善的社会保障体系，劳动者及其家庭能够减少预防性储蓄、增加子女的教育投入，从而更好地促进国内消费需求的增长和生活水平的提高。

在非公部门，员工个人与企业在社会保险权益等问题上发生分歧，是很难通过个人力量争取到谈判资格的。从工会存在的意义来看，代表和维护工人的合法权益是其最基本的职责。《中华人民共和国工会法》第六条规定："维护职工合法权益是工会的基本职责。"但现实情况是，非公中小企业几乎没有建立工会部门，同行业也没有相应的员工自治组织，资方处于绝对优势的地位，单个员工的维权主张根本不能引起资方的重视。

## 二 员工行为影响下的社会保险制度

从表面上来看，中断社保纯属个人行为，但影响的却是整个社保体系。员工的参保情况将会直接影响养老保险制度的赡养比，继而影响养老保险的财务状况。特别是当年轻员工逆向选择不加入基本养老保险制度，我国现收现付的社会统筹部分会出现重大的资金缺口。

### （一） 社会保险制度公平性受损

（1）在权益与义务不对等的情况下，部分员工会放弃社会保险缴费。2013年，在中国工会第十六次全国代表大会上，李克强总理指出10%的参保职工中断缴纳社保费，约3800万人；同年，人力资源和社会保障部对员工参保情况的调查数据显示，劳动人口中有23%的人中断了缴费。

（2）转向替代参保选择，损害社保财政可持续性。除中断缴费外，还有部分员工与企业达成协议，提高当期工资收入，自己则以灵活就业人员的身份参加社会保险，已达到节约企业开支的目的。根据北京市规定，灵活就业人员可以向社保部门自行缴费参保，缴费基数下限是最低工资，上限是社会平均月工资的300%，在缴费区间范围内灵活就业人员根据自身经济状况确定缴费比例（为22%）。

（3）制度排斥与社会保险碎片化。目前，户籍、单位性质已经形成社会融合的壁垒，在以户籍为分界线的社会政策与以单位性质为分界线的劳动力市场政策的交织作用下，不同身份、不同企业、不同行业的员工对社会保险资源的拥有出现分化并分层，社会保险权利也碎片化。

社会排斥迫使不同类别的员工处于不同的社会状态，从而进一步导致社会保险制度分割的格局。社会保险制度的割裂破坏了社会保险赖以生存的"大数法则"这一前提，对社会保险的财政可持续性造成了严重的威胁。以养老保险为例，它是在社会初次分配之后通过转移支付的方法将社会保障资源再分配给社会成员，以达到缩小收入分配差距、促进社会公平的目标。但是，社会保险制度的割裂使社会政策表现出逆向调节的社会效果，户籍和单位性质的壁垒进一步拉大了初次分配的差距，加深了社会分层的格局。

从就业稳定性看，有稳定劳动关系和全日制就业的正式职工失业风险相对小，部分职工基本没有失业风险。一般国有性质单位比例高的行业职工失业风险度低，参保率却最高；非国有单位性质的行业员工失业风险率高，参保率却较低，尤其是私营企业比较集中的行业，职工参加失业保险比率最低，这些职工大都集中在制造业、建筑业、批发和零售业、住宿餐饮业、采矿业、房地产业等行业。非正规就业人员、个体户等是就业最不稳定的人群，但受到失业保险的制度排斥。失业保险不针对农村就业人口，乡镇企业及其职工以及其他农村就业人员没有失业保险。

## （二）舆论监督力度不足

目前我国对社会保险的执行情况将劳动争议仲裁作为监督企业的补充形式，鼓励员工对自身社会保险权益受损的情况提出申诉，以舆论监督的形式督促企业依法参加社会保险。如果员工与企业形成"攻守同盟"，员工不对企业的非法参保行为提出申诉，管理部门就形同虚设。

理论上，工会是员工自治组织，也是维护员工权益的重要堡垒。但现实情况是，绝大多数工会组织仍停留在传统的工会工作层面，即管理工会经费、组织工会活动、发放工会福利等。在社会保险的参与方面，工会也仅仅停留在社会保险基金的监督层面。由于《中华人民共和国社会保险法》没有对工会监督社会保险基金的职责与方式进行明确规定，工会难以入手，无力辨别企业人力部门社会保险数据的真伪，监督工作收效甚微。

# 第八章　结论与讨论

## 一　结论

### （一）国际经验总结

尽管瑞典、德国、美国具有不同的福利体制，但在社会保险制度的发展中，政府的引导作用突显，其以法律手段不仅为企业提供良好的参保环境，而且企业依法参保形成了有力约束。

政府与参保企业存在信息不对称的情况，主要体现在筹资、运作与待遇确定。为提升信息透明度，大数据是公认的最有效的手段，政府可以通过大数据掌握企业的参保动态，也可以进行运营及待遇的信息公开，以提高公信力。

瑞典、德国、美国社会保险运行的良好状态，可以从企业同政府、行业竞争者、员工三大利益相关者群体的良性互动中找到有力的佐证。

在与政府互动方面，政府拥有立法权、执法权，占据互动的有利地位。上述三国的政府均立法保证社会保险的法律地位，通过税收等手段确保社会保险缴费义务能被严格履行，通过立法形式调整完善社会保险待遇以保障参保者权益，在金融危机等特殊历史时刻颁布政策以对社会保险进行有效激励。上述举措，一方面有效约束企业行为，使其必须为员工缴社会保险，另一方面激励企业与政府共担员工的社会保险。

在行业竞争互动方面，企业提供充足社会保险被视为履行社会责任的表现。企业在社会保险方面的投入将保护劳动者，这使其能够获得高效能的员工团队，由于劳动者同时也是消费者，企业又可以收获良好的消费群体，因此还能获得反哺企业发展所需的良好营商环境。在许多情况下，以养老金为例，其可以作为吸引员工的手段，具备以下特质：引导更高的工作投入、达成理想的周转模式以及作为特定年龄退休的提示信号。

针对劳动者而言，完善的社会保障体系及其就业刺激政策，促使劳动者不断提升劳动技能，这样可以极大地提高平均劳动生产率；针对消费领域而言，完善的社会保障体系，使劳动者及其家庭不需要过多的预防性储蓄，这样其可以增加子女的教育投入，为社会储备人力资本。

### （二）上市中小企业的分析总结

根据上市公司年报数据的分析，在显著性因素中，所有制形式是影响企业参保情况的重要因素。覆盖范围小是目前我国养老保险制度存在的严重问题，其覆盖范围大多集中在国有、集体和较为正规的企业中，没有将城镇中的部分其他类型的企业、小企业以及灵活就业人口覆盖，因此这一制度在保障范围上就存在不足。一方面受到 2014 年披露新规的影响，中小企业披露养老保险缴费的情况逐年优化；另一方面受到法定缴费率的影响，不同缴费率地区的企业，实际养老保险缴费率有显著差异。

据此，本书运用基于信息不对称形成的养老保险委托代理模型来分析运行中的主体关系。传统委托代理模型中，知情者是代理人，不知情者是委托人；知情者的私人信息（行动或知识）影响不知情者的利益，或者说，不知情者不得不为知情者的行为承担风险（张维迎，2012）。在养老保险制度中，企业自主计算并申报缴费基数、缴费人数以及代理个人账户缴费，因此，在委托代理关系中，企业是代理人，社保经办机构是委托人。以委托合同的签订时间为界限，信息的非对称性将导致养老保险发生事前非对称性引发的逆向选择问题以及事后非对称性引发的道德风险问题。信息非对称从时间和内容两个角度划分成三种情况（见表 8 - 1）。逆向选择反映的是签约之前代理人对自身信息的隐瞒，影响委托人做出理智的选择；隐藏信息的道德风险模型反映的是签约之后代理人隐瞒与委托人密切相关的信息，给委托人利益造成损失；隐藏行动的道德风险模型反映的是签约之后代理人没有做出对委托人最有利的行动，给委托人利益造成损失。

表 8 - 1　信息非对称的分类

|  | 隐藏行动 | 隐藏信息 |
|---|---|---|
| 签约之前 |  | 逆向选择 |
| 签约之后 | 隐藏行动的道德风险模型 | 隐藏信息的道德风险模型 |

当社保经办机构和职工将养老保险缴费业务委托给企业所构成的第一层委托代理关系时，企业作为代理人的参保行为成了学界争论的焦点，缴费基数、缴费人数的不透明导致了企业的道德风险行为。

当其他情况不变时，由于信息处理成本是代理人必须处理的信息量的增函数，最好能减轻信息处理的成本。减少信息量与降低计算复杂性之间的取舍是否有益，取决于信息处理的技术及其价格。

在信息效率的问题上，既要考虑减少企业自主申报的信息以降低信息维度，也要更加切实降低信息处理成本，相关举措有实施标准化的数据规范、建立信息互联的传输机制、降低计算复杂性。2019 年，社会保险缴费工作将由社保经办机构移交至税务部门，以此为契机，应制定标准化的数据接口，与税务系统进行比对复核，避免企业作为代理人的道德风险行为。

养老保险的治理，涉及激励相容问题，在给定机制下，如实报告代理人的完美信息（或代理人实施完美代理行为）是参与者的占优策略，在这种情况下，代理人按照自利原则制定个体目标，机制实施的客观效果能达到治理的目标。

基于委托代理理论，委托人与代理人博弈的基本过程包括：①代理人有可供选择的行动集 $A = \{a_1, \cdots, a_n\}$；②委托人得到信号集 $S = \{s_1, \cdots, s_n\}$ 中的一个信号，该信号集取决于代理人的行动。假设 $P_{ij} = P[S_j \mid a_i]$ 是代理人采取行动 $a_i$ 时信号 $S_j$ 的条件概率（$\sum_{j=1}^{m} P_{ij} = 1$，$i = 1, \ldots, n$）。

代理人的效用函数为 $u(\omega, a)$，其中 $\omega$ 是收入，$a \in A$ 是代理人的行动，代理人的保留效用是 $u_0$（引导代理人为委托人工所需的最小期望效用）。假设委托人的支付是 $\pi(a) - \omega$，$a \in A$，根据实际情况观测，$\pi(a)$ 包含随机成分，因此委托人不能从 $\pi(a)$ 中推断代理人行动 $a$。

代理人执行每一个行为 $a_i \in A$，此时代理人的期望概率是 $E_i$。如果委托人观测到信号 $S_j$，并且希望通过激励计划 $\omega_i = \{\omega_{i1}, \cdots, \omega_{im}\}$ 推动代理人选择 $a_i$，那么委托人必须找到激励 $\omega_{ij}$，$j = 1, \cdots, m$ 支付给代理人，选择指标 $i$ 来满足自身的最大化回报：

$$\pi(a_i) - E_i \omega_i = \pi(a_i) - \sum_{j=1}^{m} p_{ij} \omega_{ij}$$

激励相容约束指被选中的行动 $a_k$ 必须是在所有行动 $a_i \in A$ 中能够最大化代理人支付的行动，所以有下列公式。

$$\sum_{j=1}^{m} p_{kj} u(\omega_{kj, a_k}) \geqslant \sum_{j=1}^{m} p_{ij} \omega_{ij} u(\omega_{kj}, a_i), i = 1, \ldots, n$$

在确定能够诱导代理人选择行动 $a_k$ 的最小期望成本 $E_k \omega_k$ 后，委托人选择指标 $k$ 以最大化 $\pi(a_k) - E_k \omega_k$。

在养老保险管理中，企业作为申报与缴费的代理人是风险回避的，那么假定委托人不能观测到代理人的努力水平 $\alpha$，给定 $(\alpha, \beta)$，代理人的激励相同约束意味着 $\alpha = \beta/b$，委托人的问题是选择 $(\alpha, \beta)$ 解下列最优化问题：

$$\max_{\alpha,\beta} - \alpha + (1 - \beta)\alpha$$

$$s.t. \ (IR)\ \alpha + \beta\alpha - \frac{1}{2}\rho\,\beta^{2}\sigma^{2} - \frac{b}{2}\alpha^{2} \geqslant \varpi$$

$$(IC)\ \alpha = \frac{\beta}{b}$$

$\beta$ 是 $\rho$、$\sigma^2$ 和 $b$ 的递减函数。$\alpha\beta/\alpha\rho < 0$ 和 $\alpha\beta/\alpha\sigma^2 < 0$ 意味着最优激励合同要在激励和保险之间求得平衡。当委托人不能观测代理人的努力水平时，存在两类信息不对称情形下特有的代理成本。一类是上面提到的由帕累托最优风险分担无法达到而出现的风险成本，另一类是由较低的努力水平导致的期望产出的净损失减去努力成本后的部分，简称为激励成本。

根据霍姆斯特姆（Harris & Holmstrom，1982）的团队理论，企业、员工组成一组代理人，他们独立地选择努力水平，但创造一个共同的产出，每个代理人对产出的边际贡献依赖于其他代理人的努力，不可独立观测。特别是企业、员工的努力水平 $\alpha$ 不易观测且与收入无关，这极大地削弱了代理人的努力动机，促使代理人减少努力、隐瞒缴费以节约成本。

霍姆斯特姆认为，通过监督代理人，委托人可以收集更多的信息，对代理人的奖惩不再仅基于团队产出这样一来，一方面，减少了团队惩罚（和激励）的必要，从而放松了财富约束；另一方面，降低了代理人承担的风险，如使用相对业绩做比较。以职业年金中投管人的表现为突破口，投资业绩 $z$ 可以作为可观测变量纳入最优激励合同中，假设 $z$ 与努力水平 $\alpha$ 无关，$\beta$ 代表激励强度，$\gamma$ 表示投管人的收入与 $z$ 的关系，委托人的问题是选择最优的 $\alpha$、$\beta$ 和 $\gamma$。

要避免中小企业的参保不遵从行为，主要从以下三个方面入手。

第一，企业自身因素及同行业企业的影响。由于资本增值的要求，企业的首要目标是追求利润最大化，在盈利目标的驱使下，社会保险在内的员工成本沦为被压缩的成本类项目；与此同时，企业外部竞争压力直接威胁企业生存与发展，整个行业中的企业往往会选择"从众"行为，首先关注经济利益，而忽视了道德水准、社会责任等其他目标；企业的社会责任意识淡薄，虽然企业会遵守社会保险的相关法律法规，但他们基于自身的利益，曲解法律规定的底线，如部分企业认为登记参保就是合法遵从，但做低缴费基数只属于灵活变通的做法。综上所述，企业在"自利"的目标下，往往会自发选择参保不遵从行为；这种情况亟须政府、员工的力量进行激励和约束，促使企业选择与员工共同发展的参保遵从行为。

第二，员工及社会舆论的监管。此前，中小企业员工出于自身就业的考虑，往往容忍企业的参保不遵从行为，随着普法与宣传，关于养老保险补缴的劳动争议与诉讼逐渐增多，员工逐步接收"保险补缴不受诉讼时效的限制"的信息，运用法律手段维权，员工与企业的"攻守同盟"瓦解，对中小企业起到了约束作用；工会对企业参保行为的监督职责与手段应进一步明确，与员工监督形成合力。

第三，政府行为的影响。政府与企业在维持社会稳定方面的利益是趋同的，应以企业与员工和谐发展的目标引导企业的参保遵从行为。目前社会保险法在界定企业参保行为时规范性不足，导致企业在遵从法规的过程中往往"就低不就高"，无法对企业参保行为是否合法合理提供界定依据；在约束和控制企业参保行为方面，政府缺乏行之有效的手段，社保制度的疏漏以及征管措施的缺乏给了企业有不遵从行为的机会。

通过上述分析，政府、行业竞争者与员工在影响企业参保行为方面发挥的作用是交织并存的，而政府对企业参保行为产生的影响是最直接、最重要的。在政府行为影响下的社会保险制度安排，在很大程度上影响企业、员工的行为，从而再次影响社会保险制度安排。

在"现收现付制"向"统账结合模式"的转变过程中，部分转制成本被转嫁为企业缴费，直接导致社会保险的企业统筹部分负担比例过高，加之企业所得税的负担，以及我国中小企业的平均生存时间是 3 ~ 8 年，迫使企业逃避履行社会保险缴费义务，导致内外部劳动力市场的严重割裂。

在社会保险制度设计方面，部分员工未能理解"多缴费多受益"的激励政策，从而与企业达成逃避缴费的"共赢"协议，选择更为低廉的灵活就业人员参保形式，致使覆盖范围出现缺口，养老保险的赡养比例失衡，给社会保险财务带来了潜在风险。

政府在社会保险制度管理方面未能执行有效监管，未能及时发现企业的不遵从行为，不能有效查处，直接导致部分企业出现不遵从行为，如上报虚假人员名册、做低缴费基数，严重危害社会保险制度的可持续发展。

政策的改革将有助于缓解上述问题，重新塑造有利于政府、企业、员工三方和谐发展的社会保险制度。

# 二　政策建议

## （一）优化中小企业扶持政策，创造良好发展环境

中小企业首先要生存发展，才能更好地履行社会责任。养老保险问题的改进措施也应以综合性措施为主。

为促进中小企业之间的良好合作，提高中小企业的生产效率和竞争力，政府应考虑制定综合措施，以达到扶持中小企业发展、减轻税负、放宽政府的行政管制以及提高经济自由度等的目的。政府通过立法手段有效保护中小企业权益，甚至给予其比大型企业更为优惠的政策，从而为中小企业创造一个更为宽松的竞争环境，促使其能度过成长周期的早期阶段，顺利生存下来。

（1）融资支持

融资支持是中小企业保持良性竞争的最有力手段。与大企业

相比，中小企业缺乏足够的资本积累，资金来源较少。我国应借鉴发达国家的金融政策与措施，帮助中小企业开辟融资渠道。

一条途径是以美国为例，通过直接贷款、协调贷款以及担保贷款的方式，给予中小企业低于市场平均水平的贷款支持。另一条可行途径是参考瑞典模式，建立中小企业发展基金，为中小企业提供贷款、贴息和担保等综合化金融支持。

（2）税收优惠

相较于大型企业，中小企业受到规模经济的限制，只有控制成本，才能顺利地生存和发展。结合美国、德国、瑞典的经验，税收优惠措施形式多样，主要包括限制增税政策，减免所得税、增值税，在中小企业新建立时期及技术创新时期税收减免等。

根据范柏乃等（2000）的调查研究，我国中小企业除了面临税收负担重的情况，还面临较重的税外收费负担。为切实减轻中小企业负担，可以参考瑞典建立限制增税政策，一方面评估现行税收对中小企业经营活动的影响，另一方面切实废除不合理的税外费用的相关规定。

经过多次改革，我国目前应深入落实并扩大宣传中小企业税收减负的相关政策，在切实减轻企业负担的同时，配套征信体系建设，对于诚信缴费纳税的企业，在政策上给予他们更大的扶持和鼓励，优化营商环境。

（3）技术扶持

为防止大型企业形成技术壁垒，美国、德国、瑞典构建了一套以资源配套、科研开发、技术支持为主的较为完善的创新扶持体系。

我国中小企业在与大型企业的竞争中，无法为其员工提供优厚的薪酬，难以吸引技术水平高的员工；大多数中小企业都是私人创业，管理者亟须专业、系统的经营管理培训。上述局限性很难依靠中小企业自身的力量来克服，他们需要各级政府和社会各界给予支持。政府应充分借鉴德国、瑞典等国的成功经验，建立内涵丰富的中小企业创新计划，以支持中小企业开展或参与研发创新，鼓励企业与其他企业、科研机构开展研发合作，向中小企业提供创新咨询服务；促进建立由政府、工商组织、高等院校组成的资源共享机制，旨在发挥优势、加速经济增长。

## （二）改革社会保险制度设计，提升执行力度

1. 社会保险政策调整

（1）社会保险费筹资责任的合理分担

目前社会保险费筹资责任界限不清，企业和个人共同承担缴费，尽管明确财政兜底，但具体责任边界不清晰。对于政府财政而言，随着人口老龄化进程加快，财政负担持续加重，而我们并不能通过具体的比例得出财政负担的具体数值，这样就很难明确政府相关部门的责任边界，政府责任到底有多大仍处于模糊状态。

根据国际经验的总结，瑞典、德国、美国的社会保险费率是基于经济发展状况确定的，与社会保险待遇相配套，与国民生产总值、人类发展指数相协调。而在开支方面，2005 年，瑞典的社会保障总支出占 GDP 的比例是 22.2%，德国这一比例为 18.5%，美国这一比例为 8.6%，而中国仅有 4.08%。数据对比说明，我国对社会保障的投入仍有待提高。

政府应转变"经济发展优先"的理念，将目标从单纯的经济增长转为以社会发展为主。郑功成（2014a，2014b）指出，基本养老保险制度从"现收现付制"向"统账结合制"的转制，确实产生了代际的资金缺口；政策措施需要综合考量历史责任与现实责任、政府责任与市场责任、中央政府责任与地方政府责任等方面的关系。在综合平衡上述关系的思路中，建议明确各级政府对养老保险的财务责任，建立社会保险预算管理制度，以明确固定补贴比例为优，这样由政府直接承担转制成本，能够把历史债务部分从目前养老保险财务制度中剥离出来，减轻地方养老保险基金的收支压力。

养老保险筹资模式的改革需要与中央、地方分税的制度模式结合起来考虑，在财税改革的整体布局中系统解决中央、地方财政对社会保险的承担问题。中央（上级）财政对养老保险基金补贴的根本原因在于"代际转移支付"。若无补贴，一方面会促使缴费率过高，损害社会福利和分配公平；另一方面会导致历史债务较重且经济状况较差省份的养老保险基金收不抵支。

（2）企业支出结构的合理调整

最为直接的激励措施，就是降低企业社会保险缴费率，有力支持中小企业生存周期延长。还应该结合企业所得税综合考虑调整企业社会保险费率。衡量企业社会保险负担的承受能力，必须综合考虑企业的总体税费负担和支出结构。相较于大型企业，中小企业受到规模经济的限制，面临更为激烈的市场竞争，只有有效控制成本，才能顺利地生存和发展。美国、德国、瑞典三国都采取税收优惠政策，切实保护中小企业利益。美国的企业所得税采用累进税制模式，实际税率在15%～35%，根据1997年纳税人税收减免法，美国小企业得到数以十亿美元计的税收减免；据估算，德国征收的企业所得税实际税率为29.8%，针对中小企业还特别颁布研发特别税收条款，规定因科研开发添置的设备或新建基础设施，可享受税收减免；瑞典的企业所得税率为28%，瑞典成立专门机构按年跟踪税收相关法规，分析它们对中小企业的影响，尤其关注它们是否给企业造成额外的费用负担，通过政府监管的手段，切实维护中小企业的纳税权益。

中国企业目前的整体税负水平较高，其中增值税税率达23%，所得税税率为33%，税基较大，基本不做扣除。除此以外，企业还承担着数额庞大的行政事业收费。在这种情况下，要求企业承担主要的社会保险责任，这对其而言，的确困难较大，如果要解决这类问题，那么就要增强企业的社会保险负担能力，必须从企业税费的总体负担入手，全面考虑，适当降低企业其他税费负担或是给予他们适当减免优惠。对企业税费结构进行合理调整以增强企业的社会保险负担能力，可能是一条行之有效的现实选择。

（3）强化激励机制

充分借鉴瑞典、德国、美国的成功经验，注重社会保险制度设计的激励措施。一是在社会保险待遇方面增加"一人参保、全家受益"的条款，促进企业和员工的参保积极性；二是针对小微企业、灵活就业人员调整社会保险的准入门槛，减轻社会开支的负担，帮助企业和创业人员度过生存危险期；三是针对养老保险的待遇，制定与工作时间、缴费水平相关的计发政策，激励企业和员工增强劳动力市场的参与度；四是放宽退休年龄的硬性控制，增加鼓励老年人口参与劳动的优惠措施，提升老龄人口的劳动参与率。

2. 社会保险管理革新

在执行社会保险政策的过程中，加大各部门之间的系统配合，完善约束机制，建立明确且严厉的惩罚规则。

首先，要建立覆盖辖区内各城市全部参保人员和单位的集中式资源数据库，完成社会养老保险数据中心建设，实现网上传输养老保险费用监测数据，有利于监管部门与工商、税收等管理部门之间信息共享平台的建立和完善，便于掌握企业的经营状况和缴费情况。

其次，应加强多部门的协调配合，提高工作效率，形成信息共享机制，及时核查缴费记录，并通过税号与企业开户银行核对企业缴费到位情况。在提升征缴效率与核查效率的基础上，加大对企业不遵从行为的处罚力度。

最后，加快公民信息系统建设。基于户口和身份证信息建立全国统一的、多部门共享的个人信息管理体系，当务之急是要建立个人收入信息系统。此外，还要进一步健全工资支付监管机制，加强对企业工资支付的监管。

3. 丰富保值增值手段

我国当前养老保险基金积累规模已达2万多亿元，当务之急是避免基金持续贬值，实现保值增值。可参考的投资范围包括银行存款、国债、中央银行票据、债券回购、万能保险、投资连结保险、证券投资基金、股票、商业银行理财产品、信托产品、基础设施债权投资计划、特定资产管理计划、股指期货、信用等级投资级以上金融债、企业（公司债）、可转换债（含分离交易可转换债）、短期融资券和中期票据等金融产品（见表8－2）。

综合激励措施还包括增加社会保险基金的投资运作效率，切实保障未来养老金能够抵御通货膨胀；在社会保险项目中增加家属受益的条款，提升参保者的保障权益。

### （三）提升企业社会责任，改善参保情况

社会保险对于企业而言，处于社会责任的法律层次与伦理层次之间。系统性改善社会保险运行状况，必须将企业社会责任纳入中国社会结构，妥善处理好企业履行社会责任与实现利润最大化之间的关系。企业切实履行社会责任，能够协助解决经济社会发展不平衡的问题，从而减少中国企业发展可能引发的社会矛盾，为企业实现利润创造良好的环境。

（1）提升企业社会责任意识

企业在履行社会责任的过程中，坚持按时足额为员工缴纳社会保险，有助于员工的发展，增强员工对企业的归属感、认同感与忠诚度，有助于将自己承担的社会责任当作无形资产加以经营，当成降低经营风险、增强竞争力的社会资本充分利用，并以此作为企业可持续发展的助推力。

提升企业社会责任意识的有效举措有以下几个方面：一是建立中小企业信息披露机制，借鉴大型企业社会责任报告的成功做法，要求中小企业在纳税申报的过程中，将社会保险的履职情况进行合并申报，为社保部门的保险稽核工作提供定期的基础数据；二是引导社会舆论，给予中小企业社会保险更多的关注，推动中小企业树立责任意识，自觉履行社会保险义务；三是积极宣传，推

表 8-2　金融产品特征比较

| 特征 | AA+企业债 | 协议存款、同业存款 | PPN | 信托产品 | 特定资产管理计划 | 银行理财产品（保本型）| 基础设施债权计划 |
|---|---|---|---|---|---|---|---|
| 年化收益水平 | 4.2%~6.9% | 5.5%~6.6% | 5%~6.5% | 6%~9% | 优先级A端 5%~7% | 3.5%~5.5% | 5.6%~6.7% |
| 投资期限 | 1~5年 | 3个月、6个月、1~5年不等 | 1~3年 | 1~3年 | 1~2年 | 半年以内的产品占80%以上 | 5~10年 |
| 流动性 | 可交易流通 | 较低 | 较低（合格投资者间可流通）| 较低（可转让）| 较低（封闭运作，可视约定条件转让）| 较低（期限短）| 较低（可转让）|
| 投资标的 | 明确 | 明确 | 明确 | 视具体项目 | 不明确 | 不明确 | 明确 |
| 信用风险 | 较低 | 低 | 较低 | 中等/高，视具体项目 | 中等，视产品设计情况 | 低 | 较低 |
| 市场规模 | 10万亿元 | 根据市场时点而定 | 8000亿元 | 10.13万亿元 | 符合年金投资的优先端产品的数量级极少；该品种信息不透明 | 9.85万亿元 | 5000亿元 |
| 预期组合收益贡献 | 5%~6.5% 市值波动 | | 债权计划、信托产品、PPN等品种的预期收益率较企业债高100BP左右（摊余成本估值）| | | | |

广优秀案例，如通过跨国公司社会责任审计的很多企业获得了更多的订单，提升企业和品牌的形象，吸引顾客购买和人才聚集等；四是建立健全监督体系，充分发挥消费者协会、工会、行业协会等社会团体的作用，对中小企业社会保险情况进行多方位监督。

（2）建立中小企业履行社会责任的激励机制

马丁（Martin，2004）总结认为，企业社会责任的承担取决于若干与政府福利制度有关的因素，例如，政府社会福利体制或政策类型、代表企业的组织所发挥的作用、企业自身的经济和组织特征以及政府官员在调动企业积极性中所发挥的作用。

结合中小企业经济压力大、生存周期短的特点，适时调整中小企业参加社会保险的扶助政策，可供参考的政策包括以下三个方面。

第一，针对暂时性生产经营困难的企业，已采取在岗培训、轮班工作、协商薪酬等稳定就业岗位措施且没有裁员或少裁员的企业，给予稳定就业社会保险补贴和岗位补贴。

第二，招用城乡就业困难人员，签订一年以上劳动合同的，在劳动合同期限内，给予企业岗位补贴和社会保险补贴。

第三，针对自主创业的就业困难人员，给予营业税、个人所得税等税费减免、贷款贴息，提供养老、医疗、失业等社会保险补贴。

上述政策应适时调整，并在大众传媒上进行持续宣传，这样可以提高中小企业履责积极性。

（3）建立中小企业的社会责任履行评价机制，并辅以激励措施

建立中小企业信誉评级机制，根据中小企业信誉的评级，定期公布评比结果，基于评比结果树立典型。一方面可以发挥引导和示范作用，另一方面根据评比结果，出台相应的激励政策，对履行社会责任情况好的中小企业，在提供社会保险按时足额缴费证明的基础上，优先给予贷款支持等激励政策。

## （四）丰富员工维权手段，监督参保情况

（1）加强宣传，广泛开展员工教育

建立一套由企业主导、政府监管的企业员工社会保险培训体系十分重要。对企业员工开展社会保险相关知识的培训，由政府社会保险管理部门定期开展问卷调查，对培训效果进行评估，并将评估结果作为企业考核指标，从而广泛宣传"五险一金"制度细则以及员工维权手段。这样可以有效提高企业员工的社会保险认知度，维护企业员工的社会保险权益，促进社会保险的发展完善。

（2）建立健全监督体系

社会保险的监督体系应该涵盖政府监督渠道与社会舆论渠道。在政府监督渠道方面，一是大力加强社保部门的争议仲裁职能宣传，开放电话、网络等多种方便员工申诉的通道，鼓励和促进员工保护自身社会保险权益，共同促进企业的参保情况；二是加强工会组织建设，充分发挥工会组织在保护员工利益方面的积极作用，使其切实参与到企业参保情况的监督工作中，真正发挥维权、协商谈判等作用。

在社会舆论渠道，加强企业社会责任的宣传，特别是SA8000标准（社会责任标准）的推广，推动形成社会关注劳动者权益的风气，促进企业参保遵从行为。

# 三　未竟的研究与对社会保险的展望

本书采用理论分析与实证分析相结合的方式，从利益相关者的角度出发，剖析企业在社会保险方面的社会责任存在的问题及深层次原因，在研究标的与研究方式上有所创新。

但受限于企业样本的数量，本书未能在更广泛的范围内全面分析；受限于研究重点的选定，未能在社会保险费率合理厘定的问题上进行深入的数据型分析，也未能对社会保险基金投资增值

问题展开更深入的分析。

在人口老龄化、经济波动加剧的现实情况下，社会保险问题需要学者利用更长的时间、更广泛的维度去持续深入研究。

（1）人口老龄化

2020年，IMF在《财政监测报告》中称，预计2020年政府预算赤字占国内生产总值（GDP）的比例将从3.9%增至12.7%（Joy，2020）。联合国人口与发展委员会第51次会议发布的《世界人口趋势报告》指出，到2050年全球人口将达98亿。其中，65岁以上的老年人口将超过15亿，占总人口的16%。2017年全球人口总数为76亿，其中老年人口为7亿，占总人口的9%（至道养老论坛，2019）。经济学家指出，人口负债将是金融危机支出的10倍，首先必须考虑提高退休年龄，提高税收的同时减少养老金支出，另一个重要的方面是控制医疗支出。改革迫在眉睫，需要考虑以下几个方面的问题。

第一，生命周期延长是独特的革新现象。它将对现在及未来的社会产生深远的影响，也将对政治、经济制度产生不可预估的影响。尽管70~80岁的老人历来都有，但过去他们被视作少数群体。如今，随着生命周期的延长，老龄人口将成为人数较多的群体，而且生命周期延长是世界普遍现象。在全世界范围内，60岁以上人口的贡献都将成为决定性因素。

尽管如此，生命周期延长往往被误解，以为"人口老龄化"将导致工业化社会的衰退。实际上，老龄化国家一方面可以向居民提供更长、更有质量的生活，另一方面能够提前探索社会、政治、经济改革措施。

第二，日内瓦协会认为老龄化仅仅是一个概念。研究表明，平均而言，现在的70岁人口甚至80岁个体，其精神与体力，要比一个世纪前的同一群体年轻15~20岁。统计仅仅基于年龄，而没有基于行为能力，在许多国家，人口并非"老龄化"，而仅仅是"恢复活力"的。

第三，生命周期延长是经济、社会进步的结果，与生物、医疗、健康管理等方面的科技进步密切相关。生命周期的延长已经成为社会政策讨论的基础，它将引发对"职业生活"的重新定义，世界卫生组织（WHO）及其他学术机构的学者参与上述讨论。职业生活需要从两个主要方面考虑，一是有薪酬的工作，二是无薪酬的自愿工作。实际上，这两个方面是互补的，在后工业服务经济中尤为显著。

第四，生命周期的延长意味着可以推迟退休年龄。一个世纪以前，退休年龄基于死亡平均年龄而确定。如今，在许多国家，期望寿命延长了 15～20 岁。

增加所有年龄员工的人力资本尤为重要，高绩效员工的工作满意度更高；工作环境需要相应的改进，将提升非全日制就业率作为社会保障体系鼓励 60 岁以上人口工作的重要手段。一些北欧国家制定了与兼职配套的部分养老金政策。"逐渐退休计划"以及"四支柱"体系也很重要。

"四支柱"体系包括：第一支柱是现收现付制国家强制性保险；第二支柱是补充职业年金，不少国家将其列为强制的补充制度；第三支柱是个人储蓄；第四支柱是补充前三支柱的有报酬活动。

此外，保健计划必将引起费用的攀升。现在在控制、消除、减少疾病和事故方面的花费已经很高，未来的保健计划需要更高的投入。从经济学角度看，健康支出是"附加值"，也是后工业服务经济中的新资本。

总之，延长工作年限已经成为共识，它必须基于健康的前提，需要终身教育体系，它与文化、生活兴趣以及参加社会经济生活的意愿密切相关。

（2）劳动参与率

社会人口结构的剧变，经济长期低迷，使得全球的养老金体系都面临巨大的财务压力。为获得可持续发展的动力，在养老金体系的改革中需增加收入关联的参数设计，从而推动各年龄层群体提升劳动参与率。

制定积极人口老龄化的政策，鼓励老龄人口弹性退休以积累更多的养老金，统一男女的退休年龄，改善女性劳动者的劳动参与状况。这也将进一步推动宏观经济平衡发展，通过增加总劳动时间带来税收收入，为转移支付积累资金。

其他提升劳动参与率的措施还包括，调整养老金体系的设置以适应灵活就业者的需要；保障鼓励残障人士的正规就业；帮扶弱势就业的青年参与劳动力市场；制定毕业生的就业促进政策。

（3）投资与风险

养老金是一项长期投资，但在 2008 年受到了短视效应的影响，当年股票市场跌幅近 50%，而政府债券能实现正收益。

尽管股票投资风险高，但应被保留在投资范围内。有一种方式可以降低风险，"生命周期"投资鼓励从高风险资产转向低风险资产。政府应该鼓励人们选择这种方式，或者应该更进一步地将生命周期投资设定为默认投资。这种投资将保证大多数人的自动投资，并保留少数人自主投资的选择权。

墨西哥和斯洛伐克在强制私人养老金计划中提供投资选择权，但高风险投资不对老年员工开放，同时，风险资产中股票的比例不足 20%。波兰也引入了投资选择权与生命周期投资。在美国，生命周期投资显得不那么成功，尽管 2/3 的养老金计划提供生命周期的投资选择权，但只有 25% 的员工选择，且账户资产占比仅为 7%；新法规规定，计划资产将自动投入生命周期选择的组合，上述比例将有所上升。

2011 年实际投资收益率（以本地汇率计算及扣除投资管理费用后）平均为 -1.7%，其中丹麦的投资收益率最高，达 12.1%，而土耳其最低，达 -10.8%。排名在丹麦之后，荷兰 8.2%，澳大利亚 4.1%，冰岛 2.3%，新西兰 2.3%。而意大利、日本、西班牙、英国、美国的投资收益率为 -2.2% ~ 3.6%。9 个 OECD 国家的投资

收益在 −4% 以下。

与过去几年相比,养老金资产投资上市公司股票的比例显著降低。固定缴费制计划的资产规模迅速攀升,但固定收益制计划仍是整体资产的重要部分。

抛开近年的负面影响,养老金基金的长期投资绩效仍有吸引力。基于 OECD 模拟计算,如果个人积累40年的养老金(其中60%投资股票和40%投资债券),2010年退休后,在日本其养老金年化收益率为2.8%,德国为4.2%,美国为4.4%,英国为5.8%。

经济危机使各国政府的短期压力不断增加。然而,人口结构变化及老龄化,作为养老金体制的长期威胁仍未消退,且伴随经济危机仍在进一步恶化。对公共养老金和私人养老金而言,经济危机的影响同样恶劣,但在养老金政策方面,老龄化的影响更为严重。

危机迫使人们关注投资风险,而实际上,它只是养老金体制中众多经济、人口、财政以及社会不确定性因素中的一个方面。最重要的投资者教育是:风险不能消除,只能通过分散投资来减小。

# 参考文献

安塞尔·M. 夏普、查尔斯·A. 雷吉斯特、保罗·W. 格兰姆斯，2003，《社会问题经济学》（第十五版），郭庆旺等译，中国人民大学出版社。

白重恩、钱震杰，2009，《国民收入的要素分配：统计数据背后的故事》，《经济研究》第 3 期。

白重恩，2010，《中国社保缴费比例全球第一 占工资四成》，《新世纪周刊》3 月 10 日。

保罗·萨缪尔森、威廉·诺德豪斯，2013，《宏观经济学》（第十九版），于健译，人民邮电出版社。

边恕、孙雅娜、穆怀中，2005，《养老保险缴费水平与财政负担能力——以辽宁养老保险改革试点为例》，《市场与人口分析》第 3 期。

卜长莉，2012，《工会与企业社会责任互动机制的构建》，《学习与探索》第 11 期。

陈诚诚、杨燕绥，2015，《老龄化时间表对养老政策影响的国际经验》，《社会保障研究》第 6 期。

陈峰君，1996，《论东亚经济民族主义》，《国际政治研究》第 2 期。

陈宏辉，2003，《企业的利益相关者理论与实证研究》，浙江大学博士学位论文。

陈宏辉，2004，《企业利益相关者的利益要求：理论与实证研究》，经济管理出版社。

陈全功，2004，《湖北省中小企业发展任重道远——湖北省中小企业研究中心 2003~2004 年度理论研究成果综述》,《武汉科技大学学报》(社会科学版) 第 4 期。

陈洋、穆怀中,2017,《城镇非正规就业群体养老保险缴费负担系数研究》,《保险研究》第 11 期。

陈英姿,2004,《基本养老保险缴费基数研究》,浙江大学硕士学位论文。

成思危,2000,《中国社会保障体系的改革与完善》,民主与建设出版社。

程朝阳、于凌云,2017,《企业的社会保险缴费率是否过高:文献回顾与反思》,《社会保障研究》第 3 期。

程欣、邓大松,2019,《我国企业实际社保缴费率标准的实证分析》,《统计与决策》第 3 期。

褚福灵,2008,《社会保险关系转续"一卡通"研究》,《北京劳动保障职业学院学报》第 2 期。

崔晓冬,2010,《经济危机背景下的社会保障制度及其启示》,《中国财政》第 17 期。

邓大松、刘昌平,2002,《受益年金化:养老金给付的有效形式》,《财经科学》第 5 期。

董克用,2003,《中国转轨时期薪酬问题研究》,中国劳动社会保障出版社。

段家喜,2005,《养老保险制度中的政府行为研究》,首都经济贸易大学博士学位论文。

段亚伟,2015,《企业、职工和政府合谋逃避参保的动机——基于三方博弈模型的分析》,《江西财经大学学报》第 2 期。

范柏乃、沈荣芳,2000,《发达国家发展中小企业的政策措施》,《经济管理》第 5 期。

封进,2014,《社会保险对工资的影响——基于人力资本差异的视角》,《金融研究》第 7 期。

封进、张素蓉,2012,《社会保险缴费率对企业参保行为的影响——

基于上海社保政策的研究》，《上海经济研究》第 3 期。

封进、张馨月、张涛，2010，《经济全球化是否会导致社会保险水平的下降——基于中国省际差异的分析》，《世界经济》第 11 期。

封进，2013，《中国城镇职工社会保险制度的参与激励》，《经济研究》第 7 期。

冯兴元，2013，《社会市场经济：德国的经验与意蕴》，《公共管理与政策评论》第 2 期。

高保中，2012，《中小企业发展制约因素的结构性影响：一种经验评判》，《经济学家》第 12 期。

高亚军，2006，《试论开征社会保障税的税制基础》，《税务研究》第 5 期。

高彦、杨再贵、王斌，2017，《养老保险缴费率、就业人口增长率与最优退休年龄——基于社会福利最优视角》，《金融论坛》第 8 期。

哥斯塔·艾斯平－安德森，2003，《转变中的福利国家》，郑秉文译，重庆出版社。

古志辉，2007，《制度、制度变迁与企业行为：理论与实证》，经济科学出版社。

顾继光，2008，《工会在集体协商中的地位、作用与对策》，《工会理论研究（上海工会管理干部学院学报）》第 2 期。

顾文静，2004，《论社会保障与企业竞争力》，《经济纵横》第 5 期。

顾文静，2006，《社会保险制度供给与私营企业诉求的差异分析》，《人口与经济》第 6 期。

顾颖，1999，《浅析私营中小企业与大型企业的管理特性差异——德国私营中小企业管理理论的启示》，《西北大学学报》（哲学社会科学版）第 3 期。

关博、朱小玉，2018，《新技术、新经济和新业态劳动者平等参加社会保险的主要制约与建议：基于 320 名"三新"劳动者的典型调研》,《中国人力资源开发》第 12 期。

郭鹏,2017,《基本养老保险"统账结合":制度变迁与改革建议》,《贵州社会科学》第 7 期。

郭伟、黎玉柱、罗云,2008,《我国企业社会保险缴费负担的承受能力探讨》,《当代经济》第 1 期。

国际劳工局,2002,《全球养老保障——改革与发展》,杨燕绥等译,中国劳动社会保障出版社。

国家统计联网直报门户,2017,《2016 年中国中小企业运行报告》,http://lwzb.stats.gov.cn/pub/lwzb/gzdt/201707/t20170728_4258.html。

何平,2002,《加入 WTO 对中国社会保障的影响与对策》,《宏观经济研究》第 3 期。

胡鞍钢,2001,《利国利民、长治久安的奠基石——关于建立全国统一基本社会保障制度、开征社会保障税的建议》,《改革》第 4 期。

胡海,2009,《我国企业社会保险缴费负担与企业竞争力问题探析》,《中国商界》(下半月)第 1 期。

吉黎、曹和平,2009,《经济危机下社会保障制度的经济分析》,《知识经济》第 3 期。

贾康、杨良初,2001,《可持续养老保险体制的财政条件》,《管理世界》第 3 期。

杰尔·S. 罗森布鲁姆,2007,《员工福利手册》(第 5 版),杨燕绥译,清华大学出版社。

杰拉尔德·格林伯格、罗伯特·A. 巴伦,2005,《组织行为学》(第七版),范庭卫等译,江苏教育出版社。

金刚、范洪敏,2018,《社会保险政策缴费率调整对企业实际缴费率的影响——基于深圳市 2006 年养老保险政策缴费率调整的双重差分估计》,《社会保障研究》第 4 期。

Joy,《IMF 预计今年公共债务与全球经济产出之比达到接近 100%

的创纪录水平》，友财网，2020 年 10 月 18 日，https：//www.
　　yocajr. com/news/26913。

康书隆、余海跃、王志强，2017，《平均工资、缴费下限与养老保
　　险参保》，《数量经济技术经济研究》第 12 期。

考斯塔·艾斯平－安德森，2003，《福利资本主义的三个世界》，
　　郑秉文译，法律出版社。

科林·吉列恩，2002，《全球养老保险——改革与发展》，杨燕绥
　　译，中国劳动社会保险出版社。

孔泾源，2006，《中国劳动力市场发展与政策研究》，中国计划出
　　版社。

黎民、马立军，2004，《"双基数"征缴：统筹养老金筹措的新思
　　路》，《中国软科学》第 3 期。

黎民、曾永泉，2004，《政府与企业在社会养老保险中的博弈》，
　　《华中科技大学学报》（社会科学版）第 4 期。

黎明、乔庆梅，2004，《民营中小企业社会保障的困境、成因与对
　　策》，《江汉论坛》第 3 期。

李俊，2010，《我国城镇养老保险缴费的博弈分析》，《金融与经
　　济》第 12 期。

李喜燕，2006，《民营企业员工社会保险法律制度及其完善》，西
　　南政法大学硕士学位论文。

李艳华，2006，《中国企业社会责任研究》，暨南大学博士学位论文。

李尧，2013，《中小企业升级的路径选择研究》，《经济问题探索》
　　第 9 期。

李易骏、古允文，2003，《另一个福利世界？东亚发展型福利体制
　　初探》，《台湾社会学刊》第 31 期。

李珍，2000，《缴费基数对收支平衡的影响》，《中国社会保障》第
　　8 期。

理查德·M. 西尔特、詹姆斯·G. 马奇，2008，《企业行为理论》
　　（第二版），李强译，中国人民大学出版社。

梁剑，2008，《中德中小企业比较研究与启示》，《当代经济》第 1 期。

林汉川、夏敏仁、何杰、管鸿禧，2003，《中小企业发展中所面临的问题——北京、辽宁、江苏、浙江、湖北、广东、云南问卷调查报告》，《中国社会科学》第 2 期。

林李月、朱宇，2009，《流动人口社会保险参与情况影响因素的分析——基于福建省六城市的调查》，《人口与经济》第 3 期。

林义，2003，《社会保险》，中国金融出版社。

刘广兴，2011，《北京市企业员工社会保险认知研究》，首都经济贸易大学硕士学位论文。

刘红岩，2011，《基于社会保障支出的中国税负水平探析》，《陕西行政学院学报》第 2 期。

刘欢，2017，《企业养老保险参保决策影响因素实证研究——基于湖北省枣阳市企业调查数据分析》，《社会保障研究》第 1 期。

刘军强，2011，《资源、激励与部门利益：中国社会保险征缴体制的纵贯研究（1998—2008）》，《中国社会科学》第 3 期。

刘鑫宏，2009，《企业社会保险缴费水平的实证评估》，《江西财经大学学报》第 1 期。

卢梭，2003，《社会契约论》，何兆武译，商务印书馆。

鲁全，2018，《改革开放以来的中国养老金制度演变逻辑与理论思考》，《社会保障评论》第 4 期。

罗卓渊，2007，《从我国就业和社会保障发展进程看就业和社会保障的关系》，《人口与经济》第 S1 期。

马国强、谷成，2002，《社会保障税：国际比较与借鉴（上）》，《上海财税》第 1 期。

马双、孟宪芮、甘犁，2014，《养老保险企业缴费对员工工资、就业的影响分析》，《经济学（季刊）》第 2 期。

毛江萍，2009，《企业职工基本养老保险缴费基数不实现象及其治理》，浙江大学硕士学位论文。

美世，2010 年中国人才保留实践调查，https:∥www.docin.com/
　　p-81271949.html。

穆怀中，2006，《中国养老保险制度改革关键问题研究》，中国劳
　　动社会保障出版社。

尼古拉斯·巴尔、大卫·怀恩特，2000，《福利经济学前沿问题》，
　　贺晓波译，中国税务出版社。

倪志良、赵春玲，2007，《我国社会保障改革的困境与政府责任缺
　　失的相关分析》，《内蒙古大学学报》（人文·社会科学版）
　　第 6 期。

牛国良，2006，《现代企业制度》，北京大学出版社。

潘楠，2015，《基于威慑理论下社会保险缴费遵从问题探讨》，《长
　　江大学学报》（社科版）第 6 期。

彭华民，2009，《西方社会福利理论前沿——论国家、社会、体制
　　与政策》，中国社会出版社。

彭宅文，2010，《财政分权、转移支付与地方政府养老保险逃费治
　　理的激励》，《社会保障研究》第 1 期。

彭宅文，2009，《社会保障与社会公平：地方政府治理的视角》，
　　《中国人民大学学报》第 2 期。

乔庆梅，2004，《社会养老保险中的道德风险——兼与商业寿险道
　　德风险比较》，《中国软科学》第 12 期。

秦立建、胡波、苏春江，2019，《对社会保险费征管的公共政策外
　　部性理论审视——基于中小企业发展视角》，《税务研究》第
　　1 期。

邱鹰，2004，《对企业社会保险费用负担的几点认识》，《经济师》
　　第 6 期。

仇雨临，2011，《员工福利概论》（第二版），中国人民大学出版社。

全毅，2008，《论东亚发展模式的内涵与基本特征》，《亚太经济》
　　第 5 期。

冉雄，2007，《关于我国财政社会保障支出的分析》，《重庆工商大

学学报》（社会科学版）第 4 期。

人力资源和社会保障部，2018，《2017 年度人力资源和社会保障事业发展统计公报》，http：//www. mohrss. gov. cn/SYrlzyhshbzb/zwgk/szrs/tjgb/201805/t20180521_294287. html。

人力资源和社会保障部，2019，《2018 年度人力资源和社会保障事业发展统计公报》，http：//www. mohrss. gov. cn/SYrlzyhshbzb/zwgk/szrs/tjgb/201906/t20190611_320429. html。

任海霞，2010，《当前我国中小企业社会保险问题研究》，《经济论坛》第 1 期。

任海霞，2016，《非正规就业人员社会保障的困境与抉择——以内蒙古为例》，《经济经纬》第 3 期。

"社会保障资金筹集与管理研究"课题组，2004，《社会保障资金筹集与管理研究》，《经济研究参考》第 81 期。

石军伟，2008，《社会资本与企业行为选择》，北京大学出版社。

史潮、钱国荣，2006，《社会保险：评估企业竞争优势的独特视角》，《现代经济探讨》第 9 期。

世界银行，1996，《防止老龄危机——保护老年人及促进增长的政策》，劳动部社会保险研究所译，中国财政经济出版社。

世界银行，2010，《中国经济季报》第 2 季，6 月。

斯蒂芬·P. 罗宾斯，2017，《管理学》（第 13 版），刘刚等译，中国人民大学出版社。

宋晓梧，2017，《企业社会保险缴费成本与政策调整取向》，《社会保障评论》第 1 期。

苏蕊芯、仲伟周，2011，《基于企业性质的社会责任履责动机差异及政策含义》，《财经理论与实践》第 1 期。

苏彤、郑红生，2008，《政府在中小企业融资中的作用：欧盟经验》，《江西金融职工大学学报》第 2 期。

苏中兴，2016，《基本养老保险费率：国际比较、现实困境与改革方向》，《中国人民大学学报》第 1 期。

孙建勇，2007，《养老金发展与改革》，中国发展出版社。

谭兵，2011，《就业的行业分层及社会政策的影响》，《中山大学学报》（社会科学版）第 1 期。

田家官，2014，《论我国养老保险逃费的危害、原因和治理》，《社会保障研究》第 1 期。

田松青，2002，《养老保险中的博弈困境及对策》，《长白学刊》第 2 期。

汪润泉、张充，2019，《高费率低待遇与基金失衡：中国社会保险制度困境》，《江西财经大学学报》第 1 期。

王丹，2006，《我国私营企业社会保险存在的问题及对策建议》，《辽宁省社会主义学院学报》第 6 期。

王国辉、李荣彬，2016《中国企业养老保险缴费压力及其影响因素研究——基于不同类型企业的比较分析》，《社会保障研究》第 2 期。

王宏鸣、张继良，2018，《小微企业社保缴费承受力分析》，《调研世界》第 8 期。

王磊，2006，《美日德三国中小企业扶持政策的比较与启示》，《国外经济管理》第 4 期。

王爽，2017，《农民工社会保险参与意愿及影响因素研究——以河南省新乡市为例》，《中国劳动关系学院学报》第 4 期。

王素芬，2016，《基本养老保险缴费制度之实证研究》，《法学》第 6 期。

王维，2010，《我国民营企业社保问题的博弈分析》，《商业现代化》第 9 期。

王延中、宁亚芳，2018，《我国社会保险征费模式的效果评价与改革趋势》，《辽宁大学学报》（哲学社会科学版）第 3 期。

王延中，2017，《完善中国社会保障体系的新号角》，《中国党政干部论坛》第 11 期。

王则柯，2010，《博弈论教程》，中国人民大学出版社。

王志峰、黎玉柱、肖军梅，2007，《社会保障视角下的劳动力成本与企业成本》，《长江论坛》第 2 期。

王志强，2012，《德国支持企业私营部门研发创新促进产学研合作的政策措施》，《全球科技经济瞭望》第 12 期。

威廉姆·贝弗里奇，2008，《贝弗里奇报告》，社会保障研究所译，中国劳动社会保障出版社。

蔚志新，2011，《长期外出流动人口的养老境遇：基于停留预期与社保参与状况的分析》，《人口研究》第 5 期。

蔚志新，2013，《流动人口社会保险参与状况的地区差异分析——基于 2011 年全国 32 个省级单位的流动人口问卷调查》，《人口学刊》第 2 期。

巫云仙，2013，《"德国制造"模式：特点、成因和发展趋势》，《政治经济学评论》第 3 期。

吴敬琏，2004，《当代中国经济改革》，上海远东出版社。

吴申元，2009，《现代企业制度概论》，首都经济贸易大学出版社。

吴永求，2012，《中国养老保险扩面问题及对策研究》，重庆大学博士学位论文。

武唯，2004，《漏缴凸现企业社会责任缺失》，《中国劳动保障报》9 月 11 日。

席恒，2017，《养老金机制：基本理论与中国选择》，《社会保障评论》第 1 期。

小艾尔弗雷德·D. 钱德勒，1987，《看得见的手——美国企业的管理革命》，重武译，商务印书馆。

肖严华、张晓娣、余海燕，2017，《降低社会保险费率与社保基金收入的关系研究》，《上海经济研究》第 12 期。

解本友，2005，《资源枯竭型城市如何转型》，《百姓》第 7 期。

邢晓宇，2013，"3800 万人中断缴社保　社保政策亟待改革"，中国经济网，http://finance.ce.cn/rolling/201311/28/t20131128_1824352.shtml。

徐葆敏，2010，《集团化企业社会保险管理模式分析》，《财经界》第 6 期。

徐志仓，2005，《民营企业的社会保障调查分析》，《云南财贸大学学报》（社会科学版）第 6 期。

杨波，2016，《企业社会保险费财务负担和拖欠程度研究》，《武汉金融》第 11 期。

杨波，2010，《中国社会保险制度——基于企业的视角》，中国社会科学出版社。

杨波、仲帆，2017，《我国企业社会保险费财务负担和拖欠程度分析——基于上证国企和民企样本比较》，《地方财政研究》第 1 期。

杨翠迎、汪润泉、沈亦骏，2018，《政策费率与征缴水平：中国城镇职工社会保险缴费背离性分析》，《公共行政评论》第 3 期。

杨金祚，2009，《浅议中央企业社会保险关系存在的问题》，《科技风》第 12 期。

杨俊，2011，《社会统筹养老保险制度收入再分配效应的分析》，《社会保障研究》第 1 期。

杨雯，2004，《我国城市养老保险制度中的企业行为》，《山东大学学报》（哲学社会科学版）第 4 期。

杨宜勇、关博，2017，《老龄化背景下社会保障的"防风险"和"补短板"——国际经验和中国改革路径》，《经济与管理研究》第 6 期。

杨永芳、丁全龙，2018，《宁夏企业社会保险缴费负担研究》，《宁夏社会科学》第 5 期。

叶响裙，2004，《中国社会养老保障：困境与抉择》，社会科学文献出版社。

曾益、刘凌晨、高健，2018，《我国城镇职工基本养老保险缴费率的下调空间及其财政效应研究》，《财经研究》第 12 期。

张立光、邱长溶，2003，《我国养老社会保险逃费行为的成因及对策研究》,《财贸经济》第 9 期。

张乃亭,2008,《论中国社会保险激励机制的构建——基于企业视角的分析》,《山东大学学报》(哲学社会科学版)第 5 期。

张锐、刘俊霞,2018,《职工基本养老保险缴费率下调空间研究——基于省级面板数据》,《经济经纬》第 1 期。

张士斌,2010,《劳动力市场变化与中国的社会养老保障制度改革——基于对养老保障制度的历史考察》,《经济社会体制比较》第 2 期。

张巍,2017,《养老保险制度激励强度的国际经验与中国改革》,《社会保障研究》第 6 期。

张维迎,2012,《博弈论与信息经济学》,上海人民出版社。

张宪初,2008,《全球视角下的企业社会责任及对中国的启示》,《中外法学》第 1 期。

章萍,2007,《社会养老保险中企业逃费行为的制度成因分析》,《现代管理科学》第 7 期。

赵健宇、陆正飞,2018,《养老保险缴费比例会影响企业生产效率吗?》,《经济研究》第 10 期。

赵亮、张世伟,2011,《人力资本对农民工就业、收入和社会保险参与的影响》,《重庆大学学报》(社会科学版)第 5 期。

赵曼,1997,《社会保障制度结构与运行分析》,中国计划出版社。

赵绍阳、杨豪,2016,《我国企业社会保险逃费现象的实证检验》,《统计研究》第 1 期。

赵书科、刘安全、祁成林,2006,《新经济社会学视角的企业性质分析》,《理论界》第 5 期。

赵耀辉、徐建国,2001,《我国城镇养老保险体制改革中的激励机制问题》,《经济学(季刊)》第 1 期。

郑秉文,2005,《"福利模式"比较研究与福利改革实证分析——政治经济学的角度》,《学术界》第 3 期。

郑秉文,2016,《供给侧:降费对社会保险结构性改革的意义》,

《中国人口科学》第 3 期。

郑秉文，2009，《金融危机对全球养老资产的冲击及对中国养老资产投资体制的挑战》，《国际经济评论》第 5 期。

郑秉文，2018，《社会保险费"流失"估算与深层原因分析——从税务部门征费谈起》，《国家行政学院学报》第 6 期。

郑秉文，2017，《社会保障：稳增长拉内需保民生》，《中国社会保障》第 10 期。郑秉文、史寒冰，2002，《试论东亚地区福利国家的"国家中心主义"特征》，《中国社会科学院研究生院学报》第 2 期。

郑秉文、孙永勇，2012，《对中国城镇职工基本养老保险现状的反思——半数省份收不抵支的本质、成因与对策》，《上海大学学报》（社会科学版）第 3 期。

郑秉文，2014，《中国养老金发展报告 2014——向名义账户制转型》，经济管理出版社。

郑功成，2014a，《从城乡分割走向城乡一体化（上）中国社会保障制度变革挑战》，《人民论坛》第 1 期。

郑功成，2014b，《从城乡分割走向城乡一体化（下）中国社会保障制度变革取向》，《人民论坛》第 6 期。

郑功成，2009，《从高增长低福利到国民经济与国民福利同步发展——亚洲国家福利制度的历史与未来》，《第五届社会保障国际论坛论文集》。

至道养老论坛，《联合国世界人口趋势报告：2050 年 65 岁以上的老年人口将超过 15 亿》，搜狐网，2019 年 5 月 5 日，https://www.sohu.com/a/311822567_753682。

中华人民共和国驻瑞典王国大使馆经济商务处，2005，"瑞典中小企业发展现状及政策扶持"，http://se.mofcom.gov.cn/article/ztdy/200504/20050400037498.shtml。

周清杰，2009，《企业组织的经济学分析》，知识产权出版社。

周小川，2000，《社会保险与企业盈利能力》，《经济社会体制比较》第 6 期。

周星，2012，《企业养老保险参保行为研究》，浙江财经学院硕士学位论文。

朱青，2002，《养老金制度的经济分析与运作分析》，中国人民大学出版社。

朱远程、刘秀鹏、董爽，2008，《北京市社会保障税开征可行性研究》，《经济师》第 3 期。

Aaron, H. J. 1966. The Social Insurance Paradox. *Canadian Journal of Economics and Political Science* 32: 371 – 374.

Adizes, I. & Weston, J. 1973. Comparative Models of Social Responsibility. *Academy of Management Journal* 16: 112 – 128.

A. Jäckle, C. Li. 2006. Firm Dynamics and Institutional Participation: A Case Study on Informality of Micro Enterprises in Peru. *Economic Development and Cultural Change* 54: 557 – 578.

Anttonen, A. 1997. The Welfare State and Social Citizenship. in K. Kauppinen & T. Gordon ( Eds. ), *Unresolved Dilemmas: Women, Work and the Family in the United States, Europe and the Former Soviet Union.* Aldershot: Ashgate.

Anttonen, A. 2002. Universalism and Social Policy: a Nordic-feminist revaluation. *NORA-Nordic Journal of Feminist and Gender* 10 ( 2 ): 71 – 80.

Anttonen, A. , Baldock, J. & Sipilä, J. 2003. *The Young, the Old, and the State: Social Care Systems in Five Industrial Nations.* Cheltenham: Edward Elgar.

Anttonen, A. & Sipilä, J. 2000. *Suomalaista Sosiaalipolitiikka.* Tampere: Vastapaino.

Arrow, K. J. 1968. Uncertainty and the Welfare Economics of Medical Care. *American Economic Review* 53 ( 5 ): 941 – 73.

Bailey, C. & Turner, J. 2001. Strategies To Reduce Contribution Evasion In

Social Security Financing. *World Development* 29 (2): 385 –393.

Beramendi, Pablo & Rueda, David. 2007. Social Democracy Constrained: Indirect Taxation in Industrialized Democracies. *British Journal of Political Science* 37 (4): 619 –641.

Birgitta Rabe. 2007. Ocupational Pensions, Wages, and Job Mobility in Germany. *Scottish Journal of Political Economy* 54 (4): 1 –552.

Booth, Francesconi & Frank. 2002. Temporary jobs: Stepping stones or dead ends? *Economic Journal* 112 (480): 189 –213.

Borsch-Supan, Axel. 2000. Incentive Effects of Social Security on Labor Force Participation. *Journal of Public Economics* 78 (2): 25 –49.

Boskin, M. J. & Hurd, M. D. 1984. The Effect Of Social Security on Retirement In The Early 1970s. *Quarterly Journal of Economics* 99 (4): 764 –790.

Bowen, H. R. 1953. *Social Responsibilities of the Businessman.* New York: Harper & Row.

Brad Greenwood, Gordon Burtch & Seth Carnahan. 2017. Economic and Business Dimensions of Unknowns of the Gig-economy. *Communications of the Acm* 60 (7): 27 –30.

Brittain, J. A. 1972. The Incidence of the Social Security Payroll Tax: Reply. *The American Economic Review* 62 (4): 739 –742.

Busemeyer, M. R. 2018. The Future of the Social Investment State: Politics, Policies, and Outcomes. *Journal of European Public Policy* 25 (6): 801 –809.

Carroll, A. B. 1991. The Pyramid of Corporate Social Responsibility: Toward The Moral Management of Organizational Stakeholders. *Business Horizons* 34 (4) : 39 –48.

Carroll, A. B. 1996. *Ethics and Stakeholder Management* (3rd Edition). Cincinnati: South-Western.

Casamatta Georges, Helmuth Cremer & Pierre Pestieau. 2000. The Political Economy of Social Security. *Scandinavian Journal of Economics* 102 (3): 503 -522.

Castel, R. 2000. The Roads to Disaffiliation: Insecure Work and Vulnerable Relationships. *International Journal of Urban and Regional Research* 24 (3): 519 -535.

Chen, Y. , Démurger, S. & Fournier, M. 2005. Earnings Differentials and Ownership Structure in Chinese Enterprises. *Economic Development and Cultural Change* 53: 933 -958.

Csaba Burger. 2011. Local Bias and Adoption Patterns of Occupational Pensions in Germany. *Environment and Planning A* 43: 2666 -2687.

Csaba Burger. 2014. Eography of Savings in the German Occupational Pension System. *Regional Studies* 48 (7): 176 -1193.

Daniel S. Hamermesh. 1980. Transfers, Taxes, and the NAIRU. WORKING PAPER 0548, https://www. nber. org/papers/w0548.

David McCarthy. 2006. The Rationale for Occupational Pensions. *Oxford Review of Economic Policy* 22 (1): 57 -65.

David Turner. 2004. OECD Says Pension Policy Puts Growth at Risk. *Financial Times, London (UK)*, SEP 24.

Davis, K. 1960. Can Business Afford to Ignore Social Responsibilities? *California Management Review* 2: 70 -76.

DeCenzo, D. A. & Holoviak, S. J. 2003. *Employee Benefits*. Prentice-Hall Inc.

De Cuyper, De Jong, De Witte, Isaks-son, Rigotti & Schalk. 2008. Literature Review of Theory and Research on the Psychological the Impact of Temporary Employment: Towards a Conceptual Model. *International Journal of Management Reviews* 10 (1): 25 -51.

Ebanks. 2017. Welcome to the Gig Economy: The New Normal? ( US Government Research Report). *Retrieved from http://www. vsb. org/docs/valawyermagazine/vl0816-gig-econ. pdf.*

Echeverry, Carlos. 2010. Development, Democracy, and Welfare States: Latin America, East Asia, and Eastern Europe. *Business History Review* 84 (4): 855 – 857.

Ehrenberg, R. G. & Smith, R. S. 1996. *Modern Labor Economics: Theory and Policy* (Sixth Edition). Addison-Wesley Educational Publishers Inc.

Elizabeth Garrett. 1998. Harnessing Politics: The Dynamics of Offset Requirements in the Tax Legislative Process. *The University of Chicago Law Review* 65 (2): 501 – 569.

Esping-Andersen, G. 1990. *The Three Worlds of Welfare Capitalism.* Cambridge: Polity Press.

Estévez-Abe, Margarita. 2006. Japan's Shift Toward A Westminster System. *Asian Survey* 46 (4): 632 – 651.

Farrell & Fiona. 2016. Paychecks, Paydays and the Online Platform Economy (JP Morgan Research Report). *Retrieved from https://www. jpmorganchase. com/corporate/institute/document/jpmc-institute-volatility-2-report. pdf.*

Feldstein, M. & Liebman, J. 2006. Realizing the Potential of China's Social Security Pension System. *China Economy Times*, February 24.

Fisher, Eric O'N. & Roberts, M. A. 2002. Funded Pensions, Labor Market Participation and Economic Growth. *Public Finance Analysis* 59 (3): 371 – 386.

Fitoussi, Jean-Paul. 2000. Payroll Tax Reductions for the Low Paid. *OECD Economic Studies*, Summer, 115.

Frederik, W. C. 1995. Values, *Nature and Culture in the American Corporation.* New York: Oxford University Press.

Freeman, R. E. 1984. *Strategic Management: A Stakeholder Approach,* Boston, MA: Pitman.

Frey & Stutzer. 2002. What can Economists Learn from Happiness Research? *Journal of Economic Literature* 40 (2): 402 – 435.

Gabriella Sjögren Lindquist & Eskil Wadensjö. 2009. Retirement, Pensions and Work in Sweden. *The Geneva Papers on Risk and Insurance-Issues* 34 (4): 578 – 590.

Galanter, M. , Stillman, R. , Wyatt, R. J. , Vaughan, T. B. , Weingartner, H. & Nurnberg, F. L. 1974. Marihuana and Social Behavior; A Controlled Study. *Archives of General Psychiatry* 30: 518 – 521.

Gillion, C. Turner, J. Bailey, C. & Latulippe, D. 2000. Social Security Pensions: Development and Reform. *Geneva, International Labor Office.*

Gough, I. & Olofsson, G. 1999. *Capitalism and Social Cohesion: Essays on Exclusion and Integration.* Basingstoke: McMillan Pres.

Gruber, Jonathan. 1995. The Financing Costs and Insurance Benefits of Social Insurance Programs. *NBER Reporter*, Summer: 10.

Gruber, Jonathan & Krueger, Alan B. 1991. The Incidence of Mandated Employer-Provided Insurance: Lessons from Workers' Compensation Insurance. *Tax Policy and the Economy* 5: 111 – 143.

Gruber, J. & Wise D. A.. 1999. Introduction and Summary. in Gruber, J. and Wise, D. A. (eds. ), *Social Security and Retirement around the World*, Chicago, IL: Chicago University Press.

Gustman, A. L. & Steinmeier, T. L. 1994. Employer-provided Health Insurance and Retirement Behavior. *Industrial & Labor Relations Review.*

Hakansson, Nils H. 1972. Essays In The Theory of Risk-Bearing. *Journal of Finance* (Wiley-Blackwell) 27 (5): 1193 – 1196.

Harris, M & Holmstrom, B. 1982. A theory of wage dynamics. *Review of Economic Studies* 49.

Heckman, James J. , Lance Lochner & Christopher Taber. 1998. Tax Policy and Human Capital Formation. *Working Paper* 6462, *National*

*Bureau of Economic Research.*

Hicks, Hal & Benson, David. 1999. US Reforms Face Uneasy Future. *International Tax Review* 10 (8): 53.

Higgs, Robert. 1998. A tale of two labor markets, *Independent Review.* Spring 2 (4): 625.

Holzmann, Robert, Truman Packard, & Jose Cuesta. 2001. Extending Coverage in Multi-Pillar Pension Systems: Constraints and Hypotheses, Preliminary Evidence and Future Research Agenda in New Ideas About Old Age Security. *Social Protection Discussion Paper Series*: 1252 – 1271.

Huber, Evelyne & Stephens, John D. 2001. Welfare State and production Regimes in the Era of Retrenchment. in Paul Pierson (eds.) *The New Politics of the Welfare State.* New York: Oxford University Press: 107 – 145.

ILO. 2010a. Global Wage Report 2010/2011, Wage policies in times of crisis. https://www.ilo.org/global/publications/ilo-bookstore/order-online/books/WCMS_145265/lang—en/index.htm.

ILO. 2010b. The internationalization of labor markets. https://www.ilo.org/global/docs/WCMS_208705/lang—en/index.htm.

ILO. 2011. World Social Security Report 2010 – 2011: Providing Coverage in Times of Crisis and Beyond.

ILO. 2012. Global Wage Report 2012/2013. Is it the end of a low-wage production model in China? https://www.ilo.org/global/about-the-ilo/newsroom/news/WCMS192956/lang—en/index.htm.

Ingrid Nielsen & Russell Smyth. 2008. Who Bears The Burden of Employer Compliance With Social Security Contributions? Evidence From Chinese Firm Level Data. *China Economic Review* 19 (2): 230 – 244.

Iversen, Torben & Soskice, David. 2006. Electoral Institutions and the

Politics of Coalitions: Why Some Democracies Redistribute More Than Others. *American Political Science Review* 100 (2): 165 – 181.

Jacqueline Arzoz Padres. 2005. Determinants of Coverage and the Value of Social Insurance With a Large Informal Sector: the Mexican Case. *A Dissertation in Business and Public Policy for the Graduate Group in Managerial Science and Applied Economics Presented to the Faculties of the University of Pennsylvania.*

Jonathan Gruber. 1995. The Incidence of Payroll Taxation: Evidence from Chile. *Working paper no.* 5053, *National Bureau of Economic Research, Cambridge, Mass.*

Kautto, M. et al. 1999. *Nordic Social Policy: Changing Welfare States.* London: Routledge.

Kitschelt, H. P. 2001. Competition and Welfare State Retrenchment: When do Politicians Choose Unpopular Policies? In Paul Pierson (eds.), *The New Politics of the Welfare State.* New York: Oxford University Press: 265 – 302.

Klok, A. 2005. Corporate Social Responsibility in the Coffee Sector: The Dynamics of MNC Response and Code Development. *European Management Journal* 23 (2): 228 – 236.

Kolmar, M. 1997. Intergenerational Redistribution in a Small Open Economy with Endogenous Fertility. *Journal of Population Economics* 10 (3): 335 – 356.

Komamura, Kohei & Yamada, Atsuhiro. 2004. Who Bears the Burden of Social Insurance? Evidence from Japanese Health and Long-term Care Insurance Data. *Journal of the Japanese and International Economies* 18 (4): 565 – 581.

Kown, H. J. 1998. Democracy and the Politics of Social Welfare: A Comparative Analysis of Welfare Systems in East Asia. *The East Asian Model: Welfare Orientalism and the State:* 27 – 74.

Kuhnle, S. 2000. *Survival of the European Welfare State*. London: Routledge.

Lau, Morten I. 2000. Assessing Tax Reforms When Human Capital is Endogenous. in G. W. Harrison, S. H. J. Jensen, L. H. Pedersen & T. F. Rutherford (eds.). *Using Dynamic General Equilibrium Models for Policy Analysis*. Amsterdam: North Holland.

Lawrence H. Thompson. 1983. The Social Security Reform Debate. *Journal of Economic Literature* 21 (4): 1425 – 1467.

Lawrence H. Thompson. 1999. Implications of Social Security's Long-Range Financial Projections. *Ssrn Electronic Journal*.

Lawrence H. Thompson. 2006. Us Retirement Income System. *Oxford Review of Economic Policy* 22 (1): 95 – 112.

Lisa Lupion & Jill Rosenberg. 2016. Statutory Protection for Freelance Workers: New York City Paving the Way for Freelance Workers (JDSUPRA Research Report). Retrieved from *https://www.jdsupra.com/legal-news/statutory-protections-for-freelance-40459/*.

Li, Z. & Wu, M. 2013. Estimating The Incidences Of The Recent Pension Reform In China: Evidence From 100,000 Manufacturers. *Contemporary Economic Policy* 31 (2) : 332 – 344.

Lucas Richard E. 2007. Adaptation and the Set-point Model of Subjective Well-being: Does Happiness Change After Major Life Events?. *Current Directions in Psychological Science* 16 (2): 75 – 79.

Macurdy, T. , Green, D. & Paarsch, H. 1990. Assessing Empirical Approaches for Analyzing Taxes and Labor Supply. *Journal of Human Resources* 25 (3): 415 – 490.

Manchester, J. 1999. *Compliance in Social Security Systems Around the World*, *Prospects for Social Security Reform*. University of Pennsylvania Press.

Mares, I. 2002. Firms and the Welfare State: When, Why and How Does

Social Policy Matter for Employers?. *Varieties of Capitalism*, Oxford University Press 30: 184 – 213.

Mares, I. 2003. The Sources of Business Interests in Social Insurance: Sectoral Versus National Differences. *World Politics* 55: 229 – 258.

Mark Pearson & Stefano Scarpetta. 2000. An Overview: What Do We Know About Policies To Make Work Pay?. *OECD Economic Studies* 31: 12 – 24.

Martin, C. J. O. 2004. Corporatism from the Firm Perspective: Employers and Social Policy in Denmark and British. *British Journal of Political Science* 35 (1): 127 – 148.

Mary A. Fox, Kristen Spicer, L. Casey Chosewood, Pam Susi, Douglas O. Johns & G. Scolt Dotson. 2018. Implications of Applying Cumulative Risk Assessment to the Workplace. *Environment International* 115: 230 – 238.

McGratten, Ellen R. & Rogerson, Richard. 1998. Changes in Hours Worked Since 1950. *Quarterly Review* 22 (1): 2 – 20.

Miriam Steurer. 2009. Extending The Aaron Condition for Alternative Pay-As-You-Go Pension Systems. *Discussion Papers*.

Mitchell, O. S. 1998. Building an Environment for Pension Reform in Developing Countries. *Pension Research Council Working Papers*.

Mitchell, O. S. & Andrews, E. S. 1981. Scale Economies in Private Multi-Employer Pension Systems. *Industrial and Labor Relations Review* 34 (4): 522 – 530.

Morten, I. Lau & Poutvaara, Panu. 2001. Social Security Rules, Labor Supply and Human Capital Formation, *CEBR Discussion Paper*. Centre for Economic and Business Research, Copenhagen.

Nico Dragano, Johannes Siegrist & Morten Wahrendorf. 2011. Welfare Regimes, Labor Policies And Unhealthy Psychosocial Working Conditions: A Comparative Study With 9917 Older Employees From 12

European Countries. *Journal of Epidemiology and Community Health* 65: 793 –799.

Nielsen, I. & Smyth, R. 2008. Who Bears The Burden Of Employer Compliance With Social Security Contributions? Evidence From Chinese Firm Level Data. *China Economic Review* 19 (2) : 230 –244.

Nielsen, I. Smyth R. & Zhang M. 2006. Unemployment Within China's Floating Population: Empirical Evidence from Jiangsu Survey Data. *The Chinese Economy*, 39: 41 –56.

Nyland, C. Thomoson, S. B. & Zhu, C. J. 2011. Employer Attitudes Towards Social Insurance Compliance in Shanghai, China. *International Social Security Review* 64 ( 4) : 73—98.

OECD. 2012. OECD Employment Outlook 2012. https://www. oecd-ilibrary. org/employment/oecd-employment-outlook-2012 _ empl _ outlook – 2012 – en.

Orio Giarini. 2009. The Four Pillars, the Financial Crisis and Demographics-Challenges and Opportunities. *The Geneva Papers* 34: 507 –511.

Owen Braentigam. 1978. *The Regulation Game: Strategic Uses of the Administrative Process.* Cambridge: Mass Ballinger: 98 – 106.

Perroni, Carlo. 1995. Assessing the Dynamic Efficiency Gains of Tax Reform when Human Capital is Endogenous. *International Economic Review* 36 (4): 907 –925.

Pierson, Paul. 2001. Post-Industrial Pressures on the Mature Welfare States. in Paul Pierson ( eds. ) . *The New Politics of the Welfare State.* New York: Oxford University Press: 80 – 104.

Pilcher, D. M. & Hamermesh, D. S. 1979. Jobless Pay and the Economy. *Contemporary Sociology* 8 (3): 461.

Pontusson, Jonas & Clayton, Richard. 1998. Welfare-State Retrenchment Revisited: Entitlement Cuts Public Sector Restructuring, and in Egalitarian Trends in Advanced Capitalist Societies. *World Poli-*

*tics* 51 (1): 67 – 98.

Robbins, D. 1994. Social Europe Towards a Europe of Solidarity: Combating Social Exclusion. *Social Policy and Administration* 36 (5): 61 – 78.

Robertson, D. C. & Nicholson, N. 1996. Expressions of Corporate Social Responsibility in UK Firms. *Journal of Business Ethics* 15 (10): 1095 – 1106.

Rosenbloom, J. S. & Hallman, G. V. 1991. *Employee Benefit Planning Englewood Cliffs*. N. J. Prentice-Hall.

Rostgaard, T. & Fridberg, T. 1998. Caring for children and older people: a comparison of European policies and practices. *Còpenhagen: The Danish National Institute of Social Research*.

Rothstein, B. 2008. The Future Of The Welfare State: An International Approach. in S. Kuhnle (2008)(eds. ): 217 – 233. London: Routledge.

Sainsbury, D. 1996. *Gender, Equality, and Welfare States*. Cambridge: Cambridge University Press.

Samuelson P. A. 1975. The Optimum Growth Rate for Population: *International Economic Review* 16: 531 – 538.

Sanders & Pattison. 2016. Worker characterization in a Gig Economy Viewed Through an Uber Centric lens. *Southern Law Journal* 26 (2): 297 – 320.

Schwartz, Herman. 2001. Round up the Usual Suspects! Globalization, Domestic Politics, and Welfare State Change. in Paul Pierson (eds. ). *The New Politics of the Welfare State*. New York: Oxford University Press: 17 – 44.

Sheldon, Oliver. 1924. *The Social Responsibility of Management, the Philosophy of Management*. London: Sir Isaac Pitman and Sons Ltd.

Stefanot. 2016. The Rise of the Just-in-time Workforce: On-demand Work,

Crowdwork, and Labor Protection in the Gig-economy. *Comparative Labor Law & Policy Journal* 37 (3): 471 – 504.

Steurer, M. 2009. Extending the Aron Condition for Alternative Pay-as-you-go Pension Systems. *Discussion Papers*.

Stiglitz, Joseph E. 1999. Taxation, Public Policy, and Dynamics of Unemployment. *International Tax and Public Finance* 6 (3): 239 – 263.

Swank, Duane. 2001. Political Institutions and Welfare State Restructuring: The Impact of Institutions on Social Policy Change in Developed Democracies. in Paul Pierson (eds.). *The New Politics of the Welfare State*. New York: Oxford University Press: 197 – 237.

Sylvester J. Schieber. 2002. The Employee Retirement Income Security Act Motivations, Provisions and Implications for Retirement Security. *ERISA after 25 years: A Framework for Evaluating Pension Reform*, Washigton: The Brookings Institution.

Thom Reilly. 2013. Comparing Public-Versus-Private Sector Pay and Benefits: Examining Lifetime Compensation. *Public Personnel Management* 42 (4): 521 – 544.

Titmuss, R. 1958. *Essays on the "Welfare State"* (2$^{nd}$ ed.). London: Unwin University Books.

Tobias Wiß. 2015. From Welfare States to Welfare Sectors: Explaining Sectoral Differences in Occupational Pensions with Economic and Political Power of Employees. *Journal of European Social Policy* 25 (5): 489 – 504.

Whitehouse, E. 2009. Pensions During the Crisis: Impact on Retirement Income Systems and Policy Responses. *Geneva Pap Risk Insur Issues Pract* 34: 536 – 547.

Willmore, L. & Berucci, G. 1999. Public Versus Private Provision of Pensions. *DESA Discussion Paper 1*, *United Nations*.

Wilson, D. Mark. 2009. Creating A New Government Health Plan Will

Significantly Increase The Cost Shift To Private Sector Payers. *Medical Benefits* 26 (14): 5 - 6.

World Bank. 1994. *Averting the Old Age Crisis: Policies to Protect the Old and Promote Growth*. London, Oxford University Press.

图书在版编目（CIP）数据

中小企业社会养老保险参与／陈姗著. -- 北京：
社会科学文献出版社，2021.10
（社会政策丛书）
ISBN 978 - 7 - 5201 - 9162 - 3

Ⅰ.①中… Ⅱ.①陈… Ⅲ.①中小企业 – 养老保险 –
研究 – 中国 Ⅳ.①F842.67

中国版本图书馆 CIP 数据核字（2021）第 198024 号

社会政策丛书
中小企业社会养老保险参与

著　　者／陈　姗

出 版 人／王利民
责任编辑／孙海龙　胡庆英
责任印制／王京美

出　　版／社会科学文献出版社·群学出版分社 （010）59366453
　　　　　　地址：北京市北三环中路甲 29 号院华龙大厦　邮编：100029
　　　　　　网址：www.ssap.com.cn
发　　行／市场营销中心 （010）59367081　59367083
印　　装／三河市尚艺印装有限公司

规　　格／开　本：787mm × 1092mm　1/16
　　　　　　印　张：14　字　数：189 千字
版　　次／2021 年 10 月第 1 版　2021 年 10 月第 1 次印刷
书　　号／ISBN 978 - 7 - 5201 - 9162 - 3
定　　价／89.00 元

本书如有印装质量问题，请与读者服务中心（010 – 59367028）联系

▲ 版权所有 翻印必究